AF238903

Akustik Gitarre lernen

Das Grundlagenbuch für den Gitarrenanfänger

musik lessons

Mit Spaß Gitarre lernen, auch ohne Noten
mit Christian, „Der mit dem Hut"

Deutschlandweit bekannt durch seine Tutorials

- ✓ Mit über 50 Lehrvideos zu jedem Kapitel
- ✓ Mit vielen bekannten Übungsliedern
- ✓ Mit dem „5 Schritte zum Erfolg" System

Impressum:

Christian Stadtler
Akustik-Gitarre lernen
Das Grundlagenbuch für den Gitarrenanfänger

1. Auflage 2017

© 2017 Westarp BookOnDemand
in der Mediengruppe Westarp
Kirchstr. 5 - 39326 Hohenwarsleben
www.westarp.de, www.westarp-bs.de, www.book-on-demand.de

ISBN: 978-3-86460-634-2

www.musiklessons.de
www.ChristiansHowToPlays.de
email: kontakt@christianshowtoplays.de

Umschlaggestaltung:
Paulina Clemenz
www.inter-medien-com

Mit freundlicher Unterstützung:
Meinl: http://meinl.de
Ibanez: http://www.ibanez.de
Daddario: http://www.daddario.de

Printed in Germany.

Vorwort

„Hallo liebe Leute, hier ist Christian von ChristiansHowToPlays, der mit dem Hut."

Diesen Satz bzw. diese Begrüßung kennen viele aus meinen Youtube Videos. Dort betreibe ich seit 2013 erfolgreich einen der größten Youtube Kanäle in Deutschland für Gitarre und Bass.

In meiner eigenen Musikschule gebe ich seit vielen Jahren professionellen Unterricht für Gitarre, Bass, Schlagzeug und Gesang. Nun habe ich endlich die Zeit gefunden mein erstes Lehrbuch zu schreiben und präsentiere es euch heute mit vollem Stolz :)

Du möchtest anfangen Gitarre zu lernen? Eventuell hast du dir gerade eine Akustik Gitarre gekauft bzw. dir wurde ein Instrument geschenkt oder du fängst seit langem wieder an? Du wolltest schon immer Gitarre lernen, bist aber noch blutiger Anfänger? Dann ist dieses Buch genau richtig für dich!

Dieses Buch ist ein Grundlagenbuch zum Thema Akustik Gitarre. In meiner langjährigen Tätigkeit als Gitarren- bzw. Musiklehrer habe ich schon viele Bücher gelesen und genutzt. Es gab für mich nie das EINE Buch womit ich zufrieden war.

Das war einer der Beweggründe, warum ich dieses Buch geschrieben habe, um euch ein Lehrmittel an die Hand zu geben, das ganzheitlich und nachhaltig einen Anfänger an die wichtigsten Grundlagen heranführt.

Dieses Buch wird mit meinem Lehrportal www.musiklessons.de verknüpft auf dem Ihr die Videos zu jedem Kapitel findet. In diesen Videos erkläre ich euch alle Inhalte wie gewohnt auf meiner lockeren und verständlichen Art :)

Ich hoffe Ihr habt viel Spaß mit diesem Buch und seid erfolgreich beim Erlernen der Akustik Gitarre. Empfehlt mich und dieses Buch ruhig weiter damit auch andere Menschen mit Spaß die Akustik Gitarre lernen können.

Alles Gute und viel Spaß mit diesem Buch

Euer Christian

Akustik Gitarre lernen

Inhalt

Zur Arbeit mit diesem Buch

Die Inhalte des Buches stehen in Verbindung mit den Lehrvideos auf meinem Lehrportal **musiklessons.de**. Wenn ihr im Buch diese Symbol seht [musik lessons] dann wird das Buchkapitel auf der Homepage dargestellt. Die E-Book besitzer können darauf klicken, um in ihrem Browser direkt zu dem zugehörigen Kapitel zu springen. Inhalte mit **Videos** werden durch dieses Symbol dargestellt : Ihr könnt euch Online durch einen Klick die Unterlagen in PDF und Guitar Pro herunterladen: [PDF] [gp]

Dieses Buch ist so aufgebaut, dass ihr die jeweiligen Kapitel mit den zugehörigen Videos bearbeiten solltet. Mit dem Kauf des Buches habt ihr euch einen **kostenlosen Zugang** zu den Kapiteln, mit den jeweiligen Videos, gesichert. Um Zugang zu den Videos zu bekommen gibt es zwei Möglichkeiten:

1: Ihr loggt euch auf dem Portal mit den nachstehenden Userdaten ein. Damit habt ihr Zugriff auf die Inhalte des Buches.

Nicht mehr, nicht weniger.   Benutzername: **buch** Passwort: **buch**   (Bitte gebt diese Daten nicht an Dritte weiter).

2: Ihr registriert euch persönlich auf der Seite und die Inhalte des Buches werden mit eurem Konto verknüpft. Vorallem für Leute die noch andere Lessons nutzen, interagieren und über neue Dinge auf dem laufenden gehalten werden möchten, ist das der empfohlene Weg. Dazu müsst ihr euch auf der Seite als User registrieren und im Bereich "Kurse und Shop" den Punkt "Freischaltung Buch: Akustik Gitarre Lernen (Nur für Buchkäufer)" in der Warenkorb legen. Auf der Zahlungsseite gebt ihr bitte folgenden Code ein, der euch den Preis des Buches erlässt:

AKUSTIK2016 (Bitte gebt diese Daten nicht an Dritte weiter).

Danach werdet ihr zu Paypal weitergeleitet. Damit der Vorgang abgeschlossen werden kann und die Freischaltung von Paypal auch verifiziert wird, muss hier mindestens ein Wert von 0.01 € eingegeben werden (Paypal Vorgabe). Darüberhinaus können auch noch höhere Beträge eingegeben werden, die ich gerne als Spende ansehe. Gerade die Einrichtung der Internetseite hat viel Geld und auch Zeit gekostet. Vielleicht möchte ja jemand über diesen Weg „Danke" sagen :)

Egal welchen der beiden Wege ihr nutzt, ihr habt nun Zugang zu den Buchinhalten und könnt anfangen mit eurer Gitarrenkarriere :) Dafür klickt ihr bitte auf der *Home-seite* links auf den Button „Akustik Gitarre" und dann in der Akustik Übersicht auf das *Bild des Buches.* Wer **Probleme oder Fragen** hat kann sich gerne bei mir per Mail melden: kontakt@christianshowtoplays.de

Es gibt auf musiklessons.de viele andere Lektionen und Informationen zu entdecken. Nutzt auch das Angebot der privaten Einzellesson bzw. des **Coachings** und tauscht euch in den Kommentarbereichen mit den anderen Usern aus!

Im Buch streue ich viele kleine Infoblöcke in die Kapitel ein, um euer Wissen zu vervollständigen und eine persönliche Note mit einzubauen. Generell erkläre ich alles so, als wenn ihr vor mir sitzen würdet :-) Die Buchkapitel bauen alle aufeinander auf und es ist ratsam, das Buch von vorne nach hinten durchzuarbeiten. Trotzdem kannst du gerne Seiten und Kapitel überspringen und genau das bearbeiten, wozu du Lust hast. Darüber hinaus ist es empfehlenswert einen **Gitarrenlehrer** aufzusuchen. Falls du in NRW bzw. in der Nähe von Dortmund und Umge-bung wohnst, dann komm doch persönlich bei mir vorbei und nimm Unterricht in meiner Musikschule. Zusätzlich biete ich auch Online- bzw.

Videounterricht an (alle Infos dazu findet ihr auf meiner Homepage).

Ich würde mich freuen, wenn ihr mir ein **Feedback** bzw. eine Rezession zu diesem Buch bei Amazon oder anderen Bewertungsportalen hinterlasst.

Und jetzt, viel Spaß und Erfolg mit dem Buch.

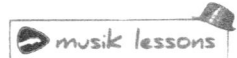

Kapitel 1: Grundlagen

Die (ersten) 5 Schritte zum Erfolg

Dieses Kapitel richtet sich an diejenigen, die ihre Gitarre jetzt das erste Mal in der Hand halten. Die „blutigen" Anfänger.

Ich gebe euch hier einen 5 Punkte Plan an die Hand, mit dem ihr sehr schnell die Grundlagen und sogar schon ein erstes kleines Lied bzw. eine Melodie lernt. Ihr habt somit sehr schnell ein erstes Erfolgserlebnis. So macht Gitarre Spaß!

Die 5 Schritte zum Erfolg:

1. Grundsätzliches

2. Stimmen

3. (Hand-)Haltung der Gitarre

4. Noten-Tabulatur-Akkorde

5. Erstes Lied/Stück lernen

Zusätzlich zu den Kapiteln empfehle ich euch die dazugehörigen Videos anzuschauen. Dort gebe ich euch viele weitere coole Infos bzw. Tipps und ihr könnt alles nochmal im Detail und in bewegter Form ansehen.

Los geht es auf der nächsten Seite :)

Erster Erfolg !

Bevor wir jedoch mit dem 5 Punkte Plan beginnen, zeige ich euch einen kleinen und einfachen Akkord, aus dem ihr schon richtig viel rausholen könnt. Damit habt ihr direkt einen **ersten Erfolg** und könnt eigentlich schon loslegen zu klimpern :-) Dinge wie Stimmung, Haltung, Griffbrett oder Plektrum sind jetzt gar nicht wichtig, sondern nur, dass wir einen coolen Ton aus der Gitarre bekommen.

 Erklärung:

Wir greifen dazu das E-Moll wie unten (Umsetzung) beschrieben. Warum der Akkord so heißt, interessiert uns jetzt (noch) nicht. Greife ihn und spiele alle Saiten von oben nach unten an. Taddaaa!! Jetzt probier ruhig ein bisschen aus und bekomme ein Gefühl für die Saiten, den Klang und die Gitarre an sich. Du kannst auch gerne ein Plektrum hinzunehmen. Schau dir mein Video dazu an, da erkläre ich alles nochmal und zeige dir was man aus einem E-Moll so alles rausholen kann.

Umsetzung:

Nimm deinen Zeigefinger (Z) und den Mittelfinger (M) und greife so wie auf dem Akkordbild (unten). Den Zeigefinger setzt du in den zweiten Bund auf die zweite Saite von „oben" (A-Saite) und den Mittelfinger in den zweiten Bund auf die dritte Saite von „oben" (D-Saite). Jetzt schlägst du alle Saiten von oben nach unten an. Wenn du variieren möchtest, versuche selbst einen kleinen Rhythmus zu finden.

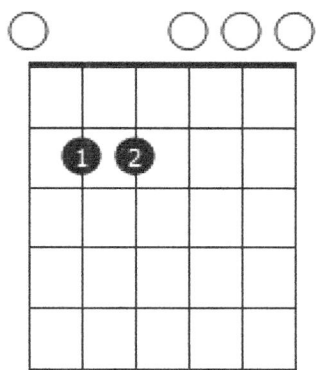

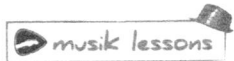

1.Grundsätzliches

So, jetzt geht es los mit unserem 5 Punkte Plan. Der erste Punkt heißt „Grundsätzliches". Hier werden einige Grundbegriffe erklärt, und ich gehe auf die nötigsten Dinge der Gitarre ein. Hierzu hilft dir auch wieder mein Video, in dem ich alles nochmal in bewegten Bildern erkläre und zeige.

1.1 Aufbau der Gitarre:

Auf dem Bild (unten) siehst du den **Aufbau** einer Akustik Gitarre. Das was uns am Anfang am meisten interessiert ist, dass wir sechs Saiten haben (von oben nach unten: **E**, **A**, **D**, **G**, **b(h)**, **e**) - dazu kommen wir später noch - und, dass unser Griffbrett in „**Bünde**" unterteilt ist. Die kleinen Metallstäbchen auf dem Griffbrett sind unsere **Bundstäbchen**. Sie grenzen jeden Bund ab und bilden für uns den Bezugspunkt, um einen Ton zu greifen. Zusätzlich haben wir auf vielen Akustik Gitarren Punkte oder Inlays auf bzw. an der seitlichen Kante des Griffbretts. Sie sind da, um sich beim Spielen an der Gitarre besser zu orientieren und die Bünde schneller zu finden. Schau dir das Bild (unten) an, dort werden viele Bauteile und Begriffe der Gitarre gezeigt, die jetzt am Anfang zwar noch nicht wichtig für uns sind, aber die man mal gehört haben sollte :)

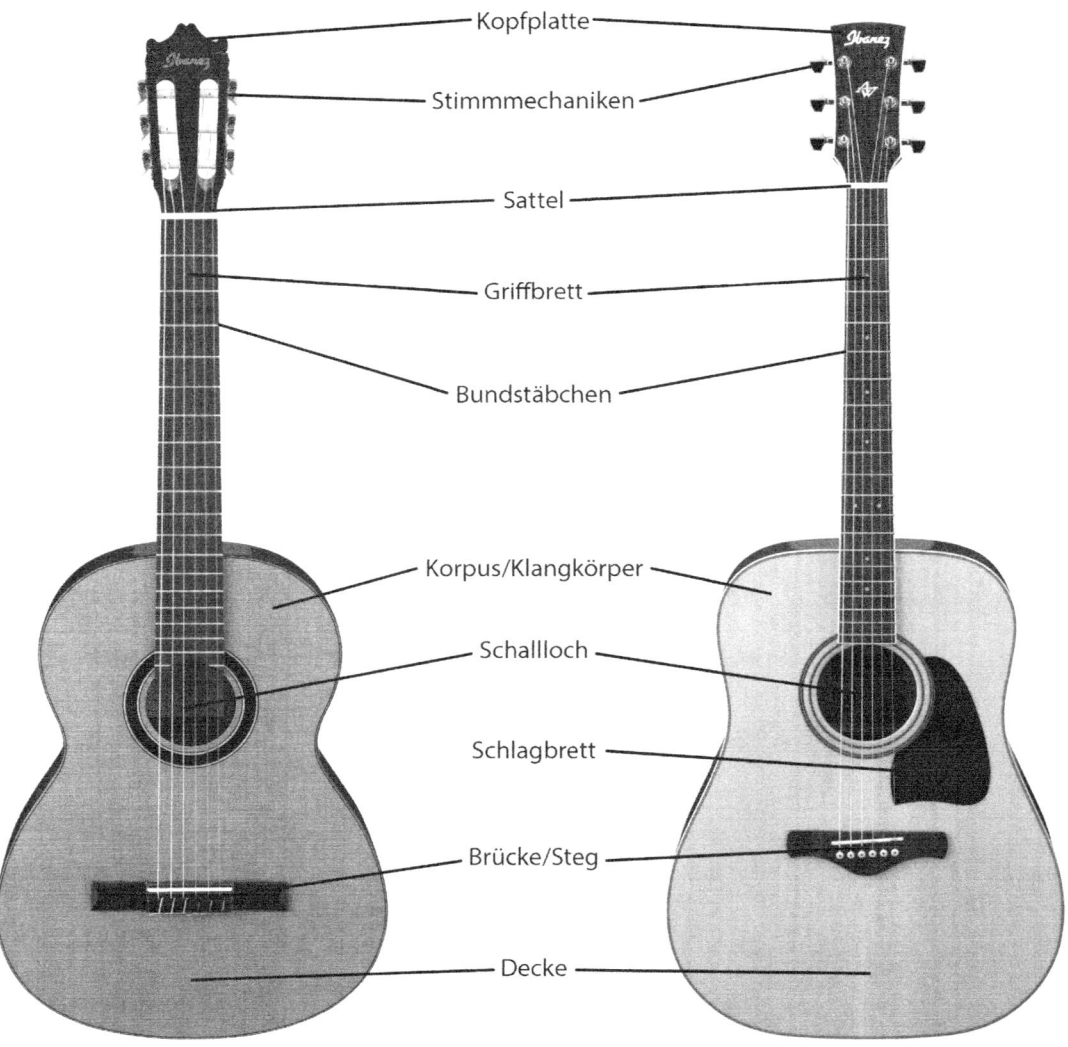

Klassik Gitarre
(Nylon Saiten)

Western Gitarre
(Stahl Saiten)

Kopfplatte

Stimmmechaniken

Sattel

Griffbrett

Bundstäbchen

Korpus/Klangkörper

Schallloch

Schlagbrett

Brücke/Steg

Decke

1.2 Bauformen und Varianten der Akustik Gitarre - die richtige Gitarre für dich:

Vielleicht hast du es schon bemerkt, aber Akustik Gitarren gibt es in einer großen Vielzahl an Formen und Varianten. Die beiden wichtigsten Bauformen sind die Westerngitarre und die Klassik-(Konzert-) Gitarre. Aber auch innerhalb dieser Bauformen gibt es viele Varianten.

Ich bekomme von vielen Anfängern die Frage gestellt, welche Gitarre denn für sie die richtige wäre.

Das lässt sich leider nicht so einfach beantworten.

Oftmals werden Anfängern **Klassikgitarren** empfohlen. Sie besitzen runde weiche Saiten (Nylon), welche angenehm zu greifen sind und ihre Form und das Gewicht ist komfortabel. Allerdings ist der Hals etwas breiter und nicht so lang wie bei den Western Gitarren. Das kann beim Spielen in den unteren Lagen zu Problemen führen. Der Sound ist weich und warm und die Gitarre wird oft als Allrounder genommen.

Die **Westerngitarre** hingegen hat einen klaren, metallischen Sound. Dies kommt unter anderem von den Stahlsaiten, aber auch durch das optionale Plektrumspiel. Anfänger klagen am Anfang oft über Finger- und Armschmerzen, weil die Westengitarrensaiten einen gewissen Druck der Greifhand und Finger benötigt. Ich kenne aber auch genügend Anfänger, die direkt mit einer Westerngitarre angefangen und sich schnell daran gewöhnt haben. Bei Westerngitarren ist es in den letzten Jahren schon fast zum Standard geworden, dass sie mit einem elektrischen Anschluss versehen werden. Ein Tonabnehmersystem braucht man dann, wenn man sich an einen Verstärker anschließen möchte oder zu Aufnahmezwecken.

<u>Was ist nun zu empfehlen?</u>

Am besten ist es, wenn ihr beide Gitarrenformen ausprobiert und dann schaut, was euch am besten gefällt. Aus meiner Erfahrung heraus entscheiden sich die meisten Leute für eine Westerngitarre, aber auch die Klassik Gitarre hat ihren Reiz. Bitte hört nicht auf Stimmen, die behaupten, dass man erst die Nylon- bzw. Klassik-Gitarre lernen muss, um die Westerngitarre zu spielen.

Hier mal eine kleine Gegenüberstellung der Klassik- und der Western-Gitarre.

Klassik Gitarre:

Weiche Saiten, geringes Gewicht, „kleine Größe", warmer Klang

Western Gitarre:

Stahlsaiten, längeres Griffbrett, lauterer Klang

1.3 Mit oder ohne Plektrum?

Auch diese Frage wird mir häufig gestellt. Die Antwort ist: „Was sich für euch am besten anfühlt". Einige Empfehlungen gibt es aber trotzdem: Wenn ihr eine **Klassikgitarre** besitzt, dann spielt man diese meist mit den Fingern bzw. mit der Hand. Das Plektrumspiel klingt oft zu hart und auch zu laut. Manchmal kommen die Nylonsaiten auch mit dem „Attack" des Plektrums nicht klar und die Gitarre fängt an zu schnarren. Die **Westerngitarre** wird hauptsächlich mit dem Plektrum gespielt, aber auch da gibt es Ausnahmen. Viele Gitarristen spielen mit der bloßen Hand bzw. den Fingern. Das Plektrum ist bei der Westerngitarre meist nötig, um den vollen und klaren Klang dieser Gitarrenform zu erzeugen. Gut geschnittene Fingernägel tun es aber auch.

Wenn ihr euch dazu entschieden habt mit Plektrum zu spielen, kommt die nächste Frage auf euch zu. Welche Stärke soll ich nutzen UND wie halte ich das kleine Kunststoffteilchen?

Eine **Plektrumstärke** zu empfehlen ist so, als ob man jemandem einen optimalen Laufschuh empfehlen soll. Daher rate ich meinen Schülern immer, sich einfach einen ganzen Batzen an verschiedenen Plektren zu kaufen und diese dann auszuprobieren. Es ist auch so, dass man für verschiedene Lieder oder Gitarrenriffs unterschiedliche Plektren benötigt. Ich empfehle einem Anfänger immer eine Stärke zwischen 0,7 und 1 mm (steht meist auf den Plektren drauf). Dadurch befindet man sich auf einem Mittelweg und man bekommt ein gutes Anschlagsfeedback beim Gitarre spielen.

Ist das Plektrum **zu dünn,** klingt die Gitarre zwar klar und hell, aber das Plektrum wird auch etwas lockerer zwischen den Fingern „tänzeln" und man verliert das Gefühl. Wenn das Plektrum **zu dick** ist, habt ihr zwar ein gutes Feedback der Saiten an euren Fingern, aber meistens klingt das Spiel dann zu hart und undefiniert, weil man einen zu unregelmäßigen Druck an den Saiten aufbaut.

Persönliche Bemerkung:

Ihr seht, beim Plektrumspiel ist einiges zu beachten. Wir werden uns später noch genau der Haltung und Spielweise mit dem Plektrum widmen. Wenn ihr jetzt direkt am Anfang damit spielen wollt, dann nehmt es einfach in die Hand und spielt locker an den Saiten. Den Rest machen wir dann später.

1.4 Insidertipps zum Üben - Lernen - Musik machen

An dieser Stelle gibt es einige **grundsätzliche Tipps** von mir als Gitarrenlehrer und Musiker, der schon sehr viel erlebt hat :)

Was macht denn das Gitarre spielen aus? Viel üben? Technisches Können? Gefühl? Improvisation? Theoriekenntnis?

Hmmm,... da gibt es viele Antworten.

Ich empfehle euch, dass ihr euer eigenes Gitarrenspiel entwickelt. Jeder Gitarrist hat seine ganz eigene Art Gitarre zu spielen, zu üben und Lieder zu lernen oder zu performen. Habt Mut was Eigenes zu entwickeln! Mit dem Kauf diesen Buches habt ihr ja schon mal einen Schritt in diese Richtung getan.

Ein Instrument zu lernen bedeutet **Fleiß! Arbeit! Rückschläge! Durststrecken! Frust!**

Aber auch **Kreativität! Spaß! Lernerfolg! Gefühle! Individualität!**

Ich vergleiche das Lernen eines Instruments immer mit dem Lernen einer Sprache. Wer kennt ihn nicht, den langen und endlosen Weg eine Sprache zu lernen. Genauso müsst ihr euch das Arbeiten an einem Instrument vorstellen. Ihr müsst üben, lernen, selbstkritisch und zielorientiert sein. Es ist ein Mix aus Theorie, Praxis und persönlichem Interesse. Das macht Spaß! Wirklich ! :D Ist aber auch nicht in 2 Wochen zu schaffen. Habt das bitte immer vor Augen. Viele Fragen mich: „Christian, wie lange dauert es, bis ich mal gut bin an der Gitarre?". Tja, die Frage ist schwer zu beantworten. Eigentlich ist man nie „fertig" mit dem Lernen und Üben eines Instruments. Es gibt immer jemanden, der besser ist. Es gibt immer Lieder und Stücke, die man lernen und üben könnte. Wie lange hat es bei euch gedauert, bis ihr eine Sprache „gut" konntet? Ich sage immer, dass man sich bei weniger als 3 Jahre Spielzeit an der Gitarre noch keine Gedanken machen sollte. Nach diesen 3 Jahren kann man ein Fazit ziehen und schauen, wo noch Defizite im eigenen Gitarrenspiel sind. Bis dahin seid bitte geduldig. Geduld ist ganz wichtig beim Lernen eines Instrumentes.

Hier einige **Kurztipps** für euch aus meinem Erfahrungsschatz:

Übt ca. 30-60 Minuten am Tag. Es ist wichtig, dass ihr regelmäßig übt und nicht einmal die Woche für 5 Stunden.

Am besten ihr strukturiert eure Übungszeit, ansonsten übt man ins „Leere" und nicht effizient genug.

Nehmt euch immer nur maximal 3 Stücke vor, die ihr innerhalb von 2 Wochen lernt bzw. bearbeitet.

Versucht ruhig, Lieder ganz zu bearbeiten und dabei die Übergänge und auch die „langweiligen" Stellen zu spielen.

Technik/Fingerübungen sind gut um Koordination, Ausdauer und Präzision zu üben.

Verwendet beim Üben ein Metronom, das schult Takt- und Rhythmusgefühl.

Sucht euch Mitmusiker! Dadurch sammelt ihr Erfahrung, könnt euch austauschen und es macht viel Spaß.

Filmt euch selbst mit dem Handy oder einer Videokamera und analysiert euer Spiel.

Nehmt Unterricht bei einem Lehrer, der euch in eurem Spiel und eurer Persönlichkeit unterstützt.

Seid kreativ und schreibt eure eigenen Lieder!

2. Stimmen der Gitarre

2.1 Stimmung der Saiten

Eine gestimmte Gitarre ist die solide Grundlage für ein erfolgreiches Üben und Spielen von Stücken und Liedern. Bevor man sich Gedanken um das Stimmen macht, muss man sich erst einmal die grundsätzliche Stimmung der Gitarrensaiten vor Augen führen. Die Gitarre, und hier ist es egal ob Klassik- oder Westerngitarre, ist standardmäßig in der **„Normalstimmung"** gestimmt. Es gibt noch viele andere Stimmarten, aber zu einem Großteil sind die Gitarren in der normalen Stimmung (E, A, D, G, h(b), e) gehalten.

Hier siehst du ein Bild, welches die Saiten und ihre Stimmung darstellt:

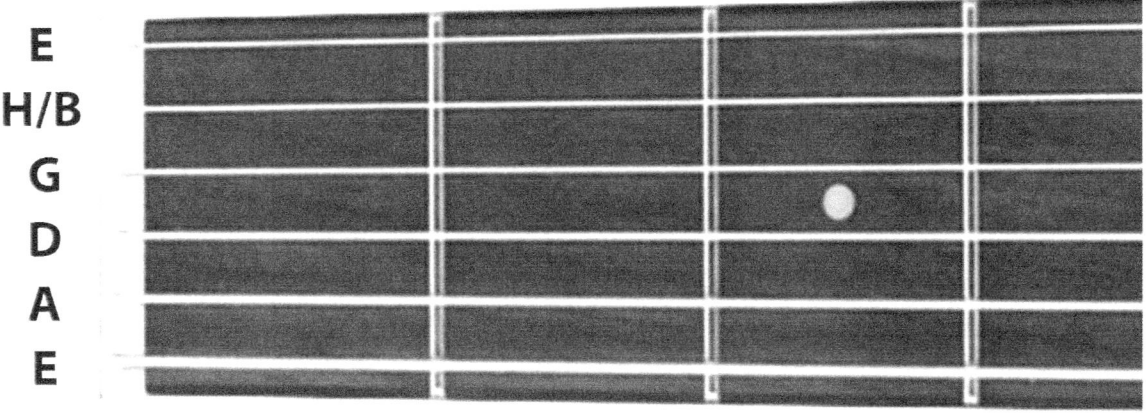

Wie ihr seht, nehmen die Saiten nach unten in ihrem Durchmesser (dicke) ab und werden so benannt wie der Ton, den sie darstellen. Unsere oberste Saite ist die „dicke E Saite" oder auch „tiefe E Saite" genannt und sie ergibt beim Anspielen den Ton E. Danach kommt die A und die D Saite. Diese drei Saiten gehören zu den **„Bass Saiten"**. Danach kommt die G, h bzw. b und die hohe E Saite. Diese drei Saiten sind die **„Melodie"** Saiten. Aber warum schreibe ich immer h bzw. b? Der angloamerikanische bzw. der internationale Bereich bezeichnet den Ton als „b". In Deutschland hingegen wird dieser Ton als „h" bezeichnet, was auf einen Schreibfehler zurückzuführen ist. Um Missverständnisse zu umgehen, spreche ich hier und auch in meinen Videos immer von „h bzw. b", damit jeder weiß um welchen Ton es sich handelt.

Also wir haben nun die Abfolge E,A,D,G,h(b), e

Wer kann sich das denn bitte merken?

Mit der Zeit merkt man sich die Stimmung der Saiten von ganz alleine. Allerdings gibt es auch wunderbare Merksätze, um sich die Stimmung einzuprägen.

Eine **a**lte **D**ame **g**ing **H**eringe **e**inkaufen (mit h)

Eine **a**lte **d**umme **G**ans **h**at **E**ier (mit h)

Eine **a**lte **D**ame **g**ing **B**utter **e**inkaufen (mit b)

Eine **a**lte **d**umme **G**ans **b**rütet **E**ier (mit b)

2.2 Stimmen der Gitarre

Gut, nun wissen wir wie die Stimmung der Saiten sind, aber wie bekommen wir jetzt unsere Gitarre gestimmt?

Die gängigste und modernste Variante ist, dass man dazu ein **Stimmgerät** nutzt (siehe linkes Bild). Es gibt verschiecene Bauformen, aber sie funktionieren alle gleich. Sie registrieren den Ton deiner Saite durch das Anspielen und geben dir an, ob du die Saite richtig gestimmt hast oder nicht. Durch eine Anzeige oder ein Display kannst du genau sehen, ob d e Saite, die du gerade anspielst, höher oder tiefer gestimmt werden muss.

Das eigentliche Stimmen machst du über deine **Stimmmechaniken** oben an der Kopfplatte der Gitarre (siehe rechtes Bild). Du drehst den kleinen Knopf bzw. die Mechanik entweder nach rechts oder nach links, um die Saite zu (ent)spannen. Hier kommt es darauf an, wie die Saiten aufgezogen sind. Probier einfach aus und schau, wie sich die Töne der Saite verhalten. Manche Stimmmechaniken (gerade bei alten Klassikgitarren) sind etwas schwergängig. Da muss man schon mal Kraft aufbrir gen. Achte aber bitte immer auf den aktuellen Ton der Saite! Gerade die h(b) und die dünne e Saite reißen schnell, wenn man sie unbeabsichtigt zu hoch stimmt.

 Tipp:

- Beim Stimmen versucht man am besten immer „in den Ton" zu stimmen. Das heißt, dass man aus dem tiefen Tonbereich in den höheren Bereich stimmt, um auf den Zielton zu kommen. So bleibt die Mechanik unter Spannung und die Saiten verstimmen sich nicht so schnell.

- Ein chromatisches St mmgerät zeigt einem exakt die Töne an, die man gerade anspielt. Das heißt, dass auch alle Halbtöne wie C# oder A# dargestellt werden. Das kann Vor- aber auch Nachteile haben. Anfänger verwirrt meist die Halbtonangabe :-)

- Falls du beim Stimmen Probleme hast, dann lass dir deine Gitarre von einem Freund der auch Gitarre spielt oder einem Fachmann stimmen.

- Die Gitarre sollte immer bei jeder Übungssession gestimmt werden. Ich schlage dazu immer die Saiten einmal kurz durch, um zu hören, ob sich eine Saite hörbar verstimmt hat. Probiert es mal aus.

- Mit der Zeit wird das Stimmen zur Routine und irgendwann wirst du die Saiten sogar nach Gehör stimmen können. Aber auch das muss man aktiv üben. Versuche einfach mal die Saiten nach Gehör zu stimmen. Dazu kannst du dir einen Referenzton an deiner eigenen Gitarre hinzunehmen oder eine (gestimmte) zweite Gitarre.

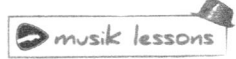
3. (Hand-)Haltung der Gitarre

3.1 Klassische und moderne Haltung

Ein nicht ganz unwichtiger Punkt ist die Haltung der Gitarre. Die meisten vernachlässigen die Haltung, aber sie kann die Ursache für Fehlhaltungen, Schmerzen oder fehlerhaftes Spiel sein. Meinen Schülern lasse ich es immer offen, wie sie die Gitarre spielen. Ich bin kein Verfechter einer einzig „wahren" Gitarrenhaltung. Man unterscheidet zwischen zwei Haltungen. Einmal die **„klassische"** und einmal die **„moderne"** Haltung. Auf den beiden Bildern siehst du die Unterschiede.

Die klassische Haltung

Bei der klassischen Haltung legen wir die Gitarre auf unser linkes Bein und stützen sie mit dem rechten Oberschenkel. Das linke Bein ist optimaler Weise auf einem kleinen Tritt oder einer Fußbank gestützt. Durch diese Haltung haben wir einen höheren Winkel des Griffbretts und können so mit geradem Rücken und in aufrechter Position spielen. Orchester- oder Klassikspieler bevorzugen diese Haltung, auch wegen der angenehmen Position der rechten Spielhand. Die klassische Haltung hat eine gewisse Anmut und stellt eine sichere Spielweise, auch in den hohen Lagen da. Sie wird aber von vielen als zu „starr" angesehen. Eigentlich zu unrecht :)

Die moderne Haltung

Bei der modernen Haltung legt man die Gitarre auf das rechte Bein. Den Fuß des rechten Beines kann man ebenfalls auf einem Tritt oder einer Fußbank auflegen, um eine noch bessere Haltung der Gitarre zu erzielen. Diese Haltung ist locker und kann überall umgesetzt werden. Sie kann auch variiert werden, so dass man im Schneidersitz oder in anderen verschiedenen Positionen sitzt. Leider haben wir hier nicht den perfekt-geraden Rücken und vor allem Anfänger haben durch technische Defizite oft eine Fehlhaltung. Die moderne Haltung wird meist an der Westerngitarre oder E Gitarre verwendet.

3.2 Handhaltung

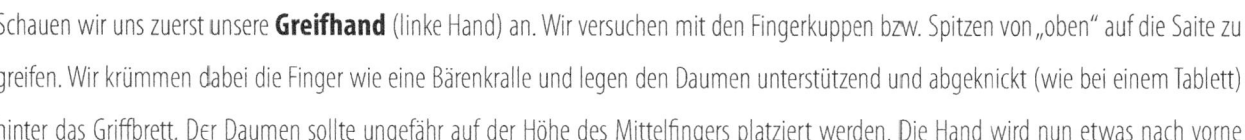

Neben der Gitarrenhaltung ist die Haltung unserer Hände (Spiel- und Greifhand) sehr wichtig.

Schauen wir uns zuerst unsere **Greifhand** (linke Hand) an. Wir versuchen mit den Fingerkuppen bzw. Spitzen von „oben" auf die Saite zu greifen. Wir krümmen dabei die Finger wie eine Bärenkralle und legen den Daumen unterstützend und abgeknickt (wie bei einem Tablett) hinter das Griffbrett. Der Daumen sollte ungefähr auf der Höhe des Mittelfingers platziert werden. Die Hand wird nun etwas nach vorne

geschoben, so dass man, wenn man über das Griffbrett schaut, seine Handfläche sehen kann. Das wäre die **„optimale" Haltung.** Ich weiß, dass das für Anfänger schwer ist, aber diese schulmäßige Haltung dauert ein wenig, bis man sie richtig umsetzen kann. Fingerübungen und gezieltes Einsetzen der Haltung kann das verbessern. Eine gute Haltung der Greifhand kann euch später viel Zeit ersparen. Sie ist die Grundlage für lockeres und sauberes Gitarrenspiel. Das sind oft Gründe, warum mich Gitarristen aufsuchen und Tipps und Empfehlungen zu ihrem Gitarrenspiel haben möchten. Meist müssen wir dann erstmal die Haltung verbessern und das dauert als fortgeschrittener Gitarrist. Also arbeitet direkt von vornherein daran :)

Als nächstes schauen wir uns die „**Spielhand**" an.

Hier gibt es viele Variationen, wie man die Saiten anschlägt und die Hand beim Spielen hält bzw. positioniert. Viele Anfänger spielen am

Anfang erst mit dem Daumen. Das könnt ihr anfangs auch so machen. Später werden wir jedoch den Zeige- bzw. die anderen Finger hinzunehmen. Egal welchen Finger ihr nun zum Anspielen der Saiten nehmt, versucht die Hand über die Saiten zu positionieren und an ihnen parallel runter und rauf zu spielen. Der Daumen bzw. die Finger sollten ungefähr auf Schalllochhöhe positioniert sein und der rechte Arm leicht angewinkelt. Ihr könnt den Arm auf die Gitarre auflegen, solltet dabei aber noch flexibel in der Bewegung sein. Vermeidet die sogenannte „Bagger-Haltung" und das frontale Anspielen der Saiten. Die Bewegung kommt flüssig aus dem Handgelenk, übergehend in den Arm.

Wie die genaue Bewegung aussieht, könnt ihr in meinem Video sehen.

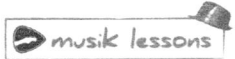

4. Noten-Tabulatur-Akkorde

4.1 Noten und Tabulatur

Muss ich Noten lesen lernen? Das ist eine weitere häufig gestellte Frage von Anfängern, wenn sie in meinen Unterricht kommen. Die klare Antwort ist Nein! Aber, ... ja es gibt natürlich ein aber ;) ... aber es ist von Vorteil, wenn man ein paar **Notenkenntnisse** hat. Ist es notwendig Französisch zu können, wenn man nach Paris fährt? Nein, aber es ist hilfreich. Wollt ihr euch mit einem Franzosen über Gott und die Welt unterhalten? Dann müsst ihr Französisch lernen. Aber einfach durch Paris zu laufen und an der Kasse zwei Eintrittskarten zu kaufen, dazu ist kein Französisch-Studium notwendig. In der musikalischen Welt müssen wir keine Noten lernen, aber wenn ihr euch mit Musikern austauschen wollt, ist das meist die Grundlage.

Ein einfaches System, was zumindest die Noten an der Gitarre „übersetzt", ist die **Tabulatur**. Sie zeigt uns schnell und ohne große Umschweife, wie wir eine Melodie oder ein Stück an der Gitarre spielen. Erfahrungsgemäß kommt ein Großteil der Gitarrenspieler mit der Tabulatur besser zurecht als mit Noten. In diesem Buch werdet ihr aber eine **Mischform** kennenlernen. Ich werde euch, wie in meinen Videos auch, die Tabulatur UND die dazugehörigen Noten anzeigen. Das hat den großen Vorteil, dass wir uns wichtige Infos aus den Noten herausziehen können, die die Tabulatur nicht bereitstellt. Aber dazu später mehr. Was ist denn die Tabulatur?

Unten seht ihr zunächst eine **„Grundtabulatur"**. Dort sind noch keine Noten eingezeichnet. Wir haben hier 6 Linien, die von unten nach oben unsere Saiten an der Gitarre darstellen. Von der dicken E bis zur hohen E Saite. Stellt euch vor, ihr legt eure Gitarre einfach daneben. Im Internet findet man „Tabs" zu fast allen Songs. Oft sind diese als Texttabs (Rechtes Bild) geschrieben.

Die „Grundtabulatur" ohne Noten

Die Tabulatur mit Noten

In den unteren Bildern sind jetzt „Zahlen" (0, 1, 2, 3) eingetragen - Wofür könnten die stehen? Die Zahlen stehen für die Bünde auf der Gitarre. Eine „1" auf der E Saite bedeutet, dass man im ersten Bund auf der E Saite greifen muss. Man greift dabei übrigens immer kurz vor dem Bundstäbchen. Eine „3" wiederum bedeutet, dass wir im dritten Bund greifen. Die „0" bedeutet, dass hier die Leersaite angespielt wird. Die Tabulatur wird gerade im **Internet** mit vielen zusätzlichen Infos wie Anspielverhalten, Fingerwahl, Sound etc. versehen. Auch der Detailgrad einer Tabulatur hängt vom jeweiligen Schreiber ab. Manchmal hat man einfach nur die Zahlen auf den Linien und manchmal ist in der Tabulatur jeder Notenwert eingezeichnet. Die „Mischform", die ich hier anbiete, ist aus einem professionellen Notenprogramm entnommen und zeigt genau an, wie die jeweilige Note durch die Tabulatur gespielt werden muss. So müsst ihr keine Noten lernen, aber könnt euch trotzdem ein gutes Bild über den musikalischen Zusammenhang des Stücks machen.

4.2 Akkorde und Chordsheets

In der Gitarrenwelt möchte man einen Song oftmals gar nicht in Noten oder Tabulatur Form, sondern nur in seinen **Akkordfolgen** darstellen. Das ist oft übersichtlicher und hilft begleitend zum Lied oder zum (eigenen) Gesang zu spielen. Dies macht man über Akkordübersichten bzw. über die Chordsheets. Wir befinden uns an dieser Stelle erst ganz am Anfang und ich gehe mal davon aus, dass viele noch keine Akkorde oder nur sehr wenige können. Im akustischen Gitarrenbereich ist es Gang und Gäbe, dass man sich nicht groß mit dem theoretischen Aufbau eines Dreiklangs (Akkord) aufhält, sondern „eben schnell" die Struktur zum Beispiel eines E Moll lernt. Man lernt dann die Position der Finger auf dem Griffbrett auswendig und spielt die Saiten nach Gefühl an. Das macht man noch mit zwei bis drei weiteren Akkorden und dann kann man schon ein Lied spielen. Man muss halt „nur" die Akkorde lernen.

Bei diesem Prozess helfen die **Akkordübersichten**.

Sie geben uns an, an welcher Stelle im Lied bzw. Textzeile, welcher Akkord gespielt wird. Im Grunde sind sie alle gleich aufgebaut, dennoch kann man einen Unterschied im Umfang und in der Qualität von solchen Übersichten feststellen. Um die Akkorde aber überhaupt zu lernen, nutzt man die „**Akkordschemata**" (siehe unten). Diese gibt es in vielen, oft selbsterstellten, Varianten. Allerdings gibt es auch eine standardisierte Darstellung, nämlich die hochkant aufgestellte Akkorddarstellung (siehe linkes Bild). Hier kann man sich darüber streiten, ob diese Übersicht hilfreich bzw. gut ist.

```
Em
What shall we do with the drunken sailor?
D
What shall we do with the drunken sailor?
Em
What shall we do with the drunken sailor?
```

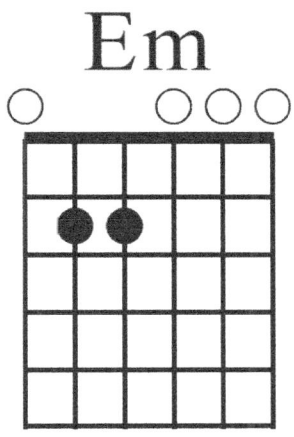

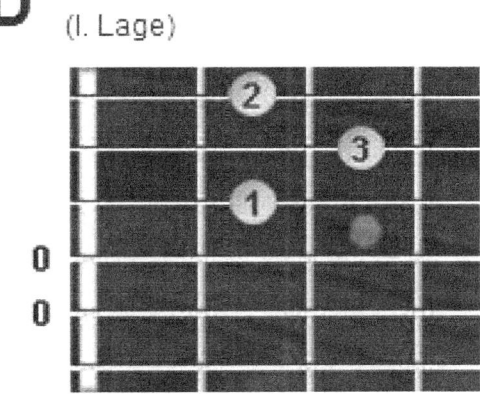

D (I. Lage)

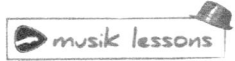

5. Erstes Lied lernen

Nach all den Grundlagen juckt es euch bestimmt schon in den Fingern, deswegen zeige ich euch jetzt eine kurze und kleine, aber recht eingängige Melodie, die ihr an der Gitarre spielen könnt. Es geht darum, die Gitarre und ihre Töne zu entdecken und ein erstes Erfolgserlebnis zu erlangen. Oftmals wird der Schüler mit Grundübungen und Theorie bombardiert. Wir jedoch wollen erstmal ganz easy etwas an der Gitarre spielen, was ihr eventuell auch Freunden oder der Familie vorspielen könnt. Schaut euch zu dieser Übung auch mein dazugehöriges Video an. Es ist für einen Anfänger einfacher und verständlicher, wenn ihr seht wie ich die Noten und Saiten spiele.

 Erklärung:

Da es das erste Lied ist, erkläre ich euch an dieser Stelle in Textform, wie ihr die Melodie zu spielen habt. Später ersetzt die Tabulatur diesen Prozess. Alles im Detail aufzuschreiben ist dann doch sehr aufwendig :)

Unten seht ihr die Melodie in Tab- und Notenform. Für unser erstes Lied brauchen wir nur die dicke E Saite. Das ist die oberste Saite.

So jetzt gehts los: Spielt den **5.Bund** (auf der dicken E Saite) dreimal an. Danach spielt ihr einmal die **E Saite leer** an, dann zweimal den **2.Bund** und als Abschluss noch einmal die **leere E Saite**.

Das wiederholt ihr bitte mehrfach, um euch die Notenfolge bis hierhin zu merken. Na, Melodie schon erkannt? Wir sind aber noch nicht fertig. Nachdem die E Saite leer angespielt wurde, gehen wir auf den **9.Bund** und spielen diesen zweimal an. Dann gehen wir auf den **7.Bund** und spielen diesen auch zweimal an. Jetzt sind wir fast am Ende. Nun nur noch einmal den **5. Bund** anspielen. Und Fertig! Glückwunsch! Und? Erkannt? Genau, Old Mc Donald :)

 Umsetzung:

Am besten nehmt ihr den **Zeigefinger** zum Greifen der Töne auf dem Griffbrett. Zum Anspielen der Saite nehmt ihr einen beliebigen Finger oder den Daumen eurer **Anspielhand**. Die Töne sollten nicht schnarren. Wenn dem so ist, dann positioniert den Finger etwas näher an das Bundstäbchen. Die Saite muss nur das **Bundstäbchen** berühren. Zählt in Ruhe die Bünde ab. Bei den meisten Gitarren befindet sich im 3., 5., 7. und im 9.Bund ein Punkt auf dem Griffbrett. Wenn ihr diese Melodie spielt, kommt ihr direkt in den **Rhythmus** rein. Achtet darauf die letzte leere E Saite (bevor ihr in den 9.Bund geht) und die letzte Note (5.Bund) länger zu halten, da es jeweils eine halbe Note ist. Und jetzt sollte es sich nach Old Mac Donald anhören.

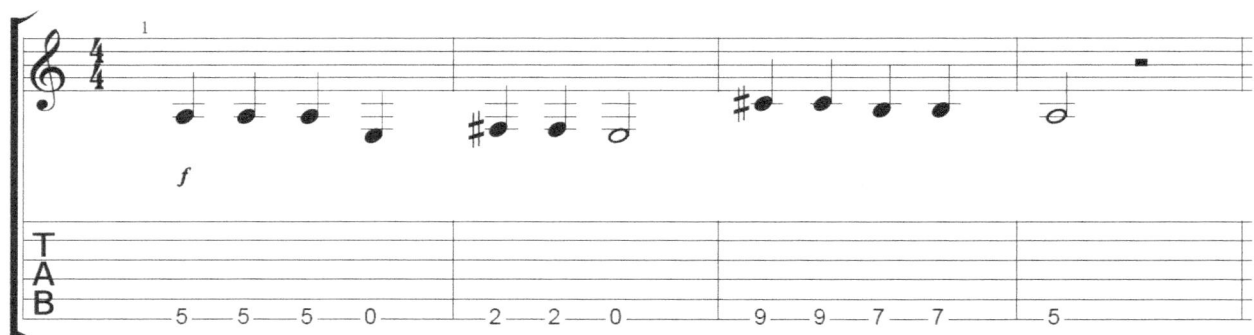

Persönliche Bemerkung:

Hier habt ihr erstmal eine ganz einfach Version der Melodie von Old Mac Donald kennengelernt. Es soll darum gehen, dass ihr eine Melodie spielt, die man sehr gut kennt. Und irgendwie kennt Old Mac Donald doch jeder :D Spielt das ganze einfach aus dem persönlichen Gefühl. Mir kommt es an dieser Stelle darauf an, dass ihr euch mit der Gitarre, den Tönen und dem Feeling vertraut macht.
Viel Spaß dabei.

5.1 Variationen von Old Mac Donald

Ich hoffe, ihr habt die Melodie von Old Mac Donald an der Gitarre spielen können. Solche Melodien werden meist jedoch nicht auf einer Saite gespielt. Es wird versucht, so wenig Bewegung wie möglich in der Hand zu haben. Das macht man über das Lagenspiel. Das heißt, dass wir die Spielhand auf einer Position über dem Griffbrett halten und alle Noten in einer Lage auf den verschiedenen Saiten spielen.

Nun zeige ich euch zwei Varianten der Old Mac Donald Melodie, die etwas schwieriger zu spielen sind, aber sich dafür auch etwas schöner anhören. Zusätzlich sind dies gute Finger- und Technikübungen, damit ihr noch souveräner an den Saiten werdet.

Old Mac Donald „G Saiten Version"

 Erklärung:

Die Melodie und Länge der Noten ist wie bei der E Saiten Version, allerdings müsst ihr hier über die D, G und h Saite spielen.

 Umsetzung:

Wichtig ist, dass ihr bereits wisst, wie man die Tabulatur liest und anwendet. Achtet darauf, dass die D Saite die dritte von oben, die G Saite die dritte von unten und die h Saite die zweite von unten ist. Schaut ruhig erstmal auf die Saiten um zu kontrollieren, dass ihr richtig spielt.

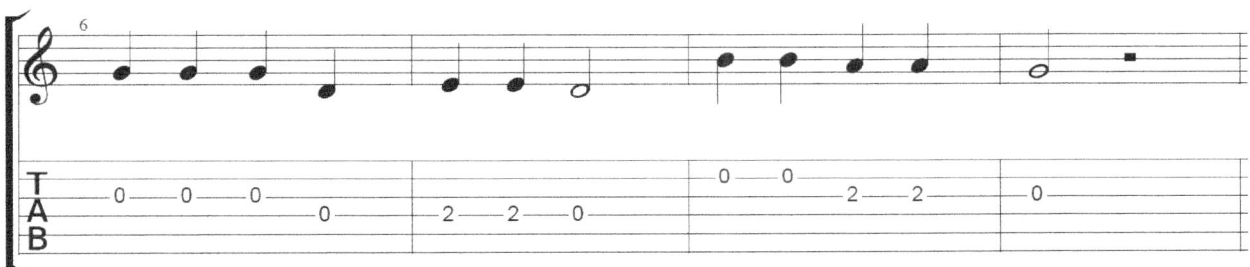

Old Mac Donald „h (b) Saiten Version"

 Erklärung:

Hier spielen wir über die G, h(b) und e Saite. Zusätzlich müssen wir hier drei verschiedene Bünde anspielen. Wer es sich zutraut, kann gerne andere Finger als den Zeigefinger nutzen (Zeige-, Mittel- und Ringfinger).

 Umsetzung:

Wichtig ist, dass ihr auch hier darauf achtet die richtigen Saiten anzuspielen. Bei dieser Version werdet ihr öfter auf das Blatt und dann auf die Gitarre schauen müssen. Spielt es langsam und konzentriert. Wer möchte, kann für den 1.Bund der Zeigefinger, für den 2.Bund den Mittelfinger und für den 3.Bund den Ringfinger nutzen.

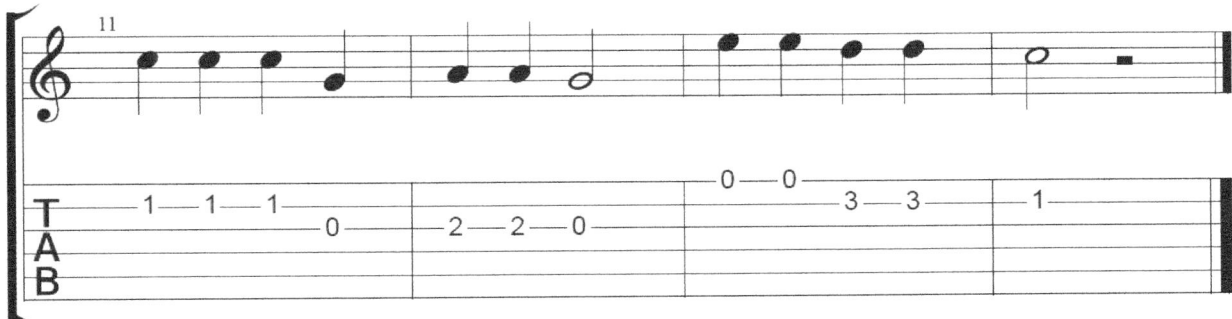

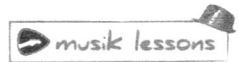

Die 5 Schritte zum Erfolg
- Zusammenfassung -

Wenn ihr die 5 Punkte abgearbeitet habt, dann besitzt ihr nun eine gute Grundlage, um mit dem Gitarrenspiel anzufangen. Ich habe versucht euch die wichtigsten Dinge kurz und prägnant zu vermitteln. Selbstverständlich kann man die verschiedenen Punkte noch erweitern, ausdehnen und tiefergehend erläutern, aber der 5 Punkte Plan ist dazu gedacht, relativ schnell ein Ergebnis an der Gitarre vorzuweisen. Der Vorteil von Kinderliedermelodien oder bekannten Melodien ist, dass diese Melodie und ihr Rhythmus bei uns im Hirn bereits eingebrannt ist ;-) Achtet gerade bei der Tabulatur darauf, dass ihr diese korrekt lesen könnt. Viele Anfänger vertauschen dabei „oben und unten", was sich dann natürlich auch auf das Gitarrenspiel auswirkt.

Versucht die Gitarre ordentlich zu halten, sodass ihr keine verkrümmten Haltungen und Positionen einnehmt und auch, dass die Greifhand direkt von Anfang an grade und parallel zum Griffbrett gehalten wird. Ihr werdet sehen, dass euch das zukünftige Gitarrenspiel viel leichter fallen wird. ABER: Versucht trotzdem euren eigenen Stil zu entwickeln. Es gibt in der Gitarrenmusik eine Vielzahl von Leuten die „komisch" oder „unschön" spielen und es sich trotzdem gut anhört. Verbringt nicht zu viel Zeit damit, stur und unreflektiert Gitarrenanweisungen aus Büchern, Videos oder eines Lehrer zu folgen, sondern macht euer eigenes Ding :)

Mir ist es wichtig, dass ihr euch aktiv mit der Gitarre beschäftigt und einfach Spaß an der Musik habt.

Ihr könnt mir übrigens immer gerne Fragen stellen, Feedback geben und meine Internetseite oder meinen Youtube Kanal besuchen.

Ich freu mich auf euch :)

In den nachfolgenden Kapiteln geht es nun darum Techniken, Lieder und die Akustik Gitarre weiter kennenzulernen.

Beste Grüße

Euer Christian

Kapitel 2: Die ersten Akkorde

Wie geht es nun weiter? Mit Old Mac Donald habt ihr eine bekannte Melodie kennengelernt. Die meisten assoziieren Gitarre aber mit Akkorden und dem zugehörigen Strumming. Dies werdet ihr in den folgenden Kapiteln auch kennenlernen. In diesem Kapitel soll es erstmal darum gehen, die **ersten Akkorde** anhand von einfachen Beispielen zu lernen. Aus urheberrechtlichen Gründen können wir hier keine aktuellen Lieder von Künstlern oder Bands abhandeln. Wie ihr solche Lieder spielt, könnt ihr auf meinem Youtube Kanal erlernen. Die Lieder in diesem Buch sind sogenannte Traditionals und sind meist Volkslieder oder rechtefreie Songs.

Die ersten Akkorde: Em und D Dur

In diesem Kapitel kümmern wir uns um deine ersten beiden Akkorde - E Moll und D Dur. Für viele Lieder brauchen wir natürlich mehr, aber am Anfang kommt es erstmal darauf an, das Greifen und das Wechseln der Akkorde zu üben. Dazu gibt es auf den folgenden Seiten Übungen und ein cooles und einfaches Lied. Akkorde zu lernen ist oft nur der erste Schritt. Sie dann im Kontext und im Rhythmus zu greifen und zu spielen ist die wahre Herausforderung. Versucht die Akkorde immer langsam und sauber zu greifen und erhöht dann immer weiter die Geschsindigkeit. Dazu aber später mehr. Viel Spaß bei euren ersten Akkorden :)

Das E Moll

 Erklärung:

Auf dem unteren linken Bild siehst du, wie man das E Moll greift. Dazu wird die **A Saite im 2.Bund** und die **D Saite im 2.Bund** gegriffen. Alle anderen Saiten werden Leer angespielt. Du kannst den Griff mit deinem Zeigefinger und Mittelfinger oder mit deinem Mittelfinger und Ringfinger greifen. Es kommt bei der Wahl der Finger des Emolls darauf an, wie man die vorigen oder nachfolgenden Akkorde greift. Ich empfehle die Zeige- und Mittelfinger Variante. Bei diesem Griff schlagen wir alle Saiten von oben nach unten an.

Das D Dur

 Erklärung:

Auf dem rechten Bild siehst du, wie man das D Dur greift. Der Akkord ist jetzt schon etwas schwieriger, als das Em. Dazu wird die **G Saite im 2.Bund** (Zeigefinger), die **h(b) Saite im 3.Bund** (Ringfinger) und die **hohe e Saite im 2.Bund** (Mittelfinger) gegriffen. Achte darauf, dass du die Hand nach vorne streckst, ansonsten kann es sein, dass du mit dem Ringerfinger die hohe e Saite abdämpfst. Beim D Dur schlagen wir alle Saiten ab der D Saite bis zur hohen E Saite an.

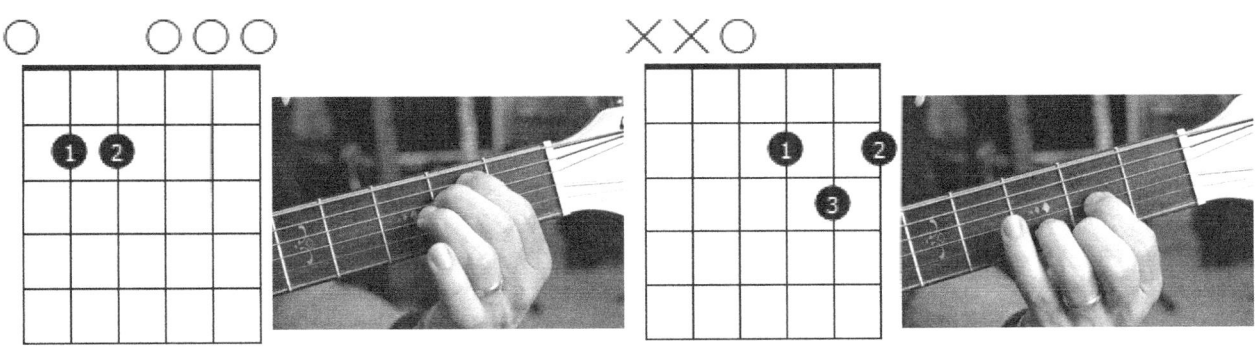

> **ⓘ Info:** Unterschied zwischen Dur und Moll
> Dur Akkorde klingen immer **fröhlich**, Moll Akkorde klingen **traurig**. Moll wird meist mit einem „kleinem m" abgekürzt. Dur Akkorde kann man anhand ihres Großbuchstabens erkennen. Im Englischen sagt man zu Moll - „Minor" und zu Dur - "Major".

Einfache Anschlagsübung mit Geheimtrick

Auf der vorigen Seite habt ihr das Em und das D (Dur) kennengelernt. Jetzt könnt ihr euch hinsetzen und das den lieben langen Tag üben oooooder wir machen eine kleine Übung daraus. Somit lernt ihr das rhythmische Wechseln, den Anschlag der Akkorde, festigt gleichzeitig euer Erinnerungsvermögen und trainiert die Akkorde mit Struktur. Eure Finger und Hände müssen sich bestimmt noch an das Gefühl der Saiten gewöhnen.

Übung 1: Einfacher Viertel-Abschlag mit Akkordwechsel: Em und D Dur

 Erklärung:

Wir spielen das Em und das D jeweils achtmal (8x) an und versuchen ohne großartige Pause zwischen den beiden Akkorden, die Akkorde im Rhythmus zu wechseln. Spielt die Akkorde immer von oben nach unten an.

 Umsetzung:

Greift das Em und schlagt es 8x gleichmäßig an. Nach dem 8.Anschlag wechselt ihr auf das D Dur. Versucht das D von „oben nach unten", also zuerst mit dem Zeigefinger, dann mit dem Ringfinger und dann mit dem Mittelfinger zu greifen. Wenn ihr das D 8x angeschlagen habt, dann müsst ihr wieder zurückwechseln zum Em.

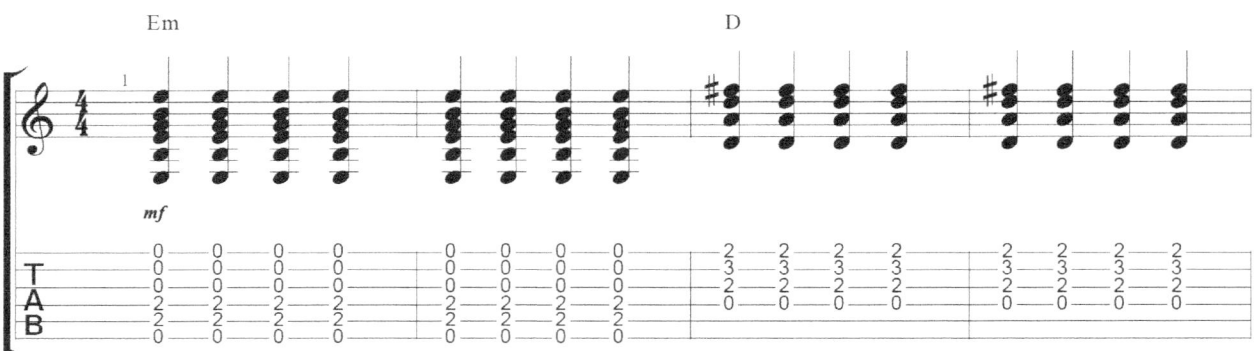

 Mein Geheimtrick:

Versucht beim Wechseln nicht darauf zu warten, bis die linke Hand fertig gegriffen ist. Spielt „rechts" einfach weiter, auch wenn es sich komisch anhört. Versucht eine „Pause" auf jeden Fall zu vermeiden.

Erweiterung: Spielt die Akkorde nicht 8x ,sondern 4x an und bleibt auf dem gleichen Tempo. Ihr werdet sehen, dass ihr nicht mehr so viel Zeit habt, um auf dem Akkord zu bleiben. Diese „Halbierung" kann man dann auf zwei oder nur eine Wiederholung fortführen.

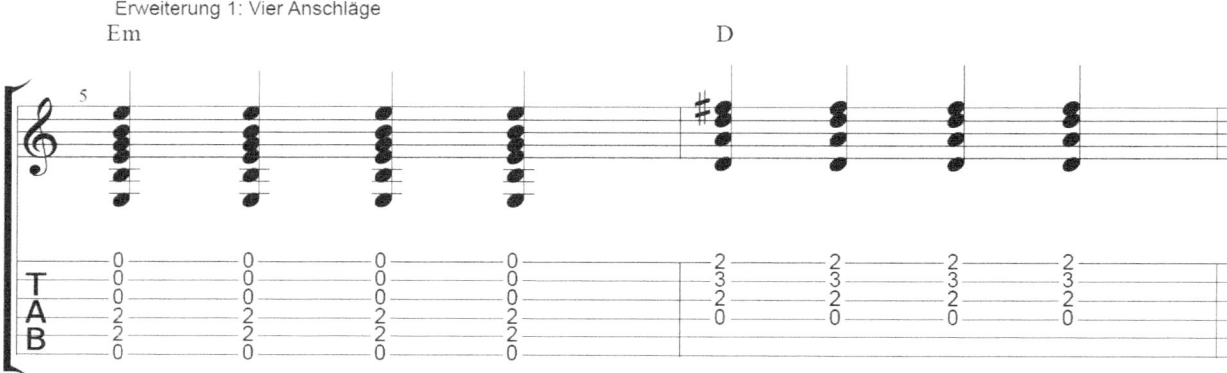

Übungslied 1: Drunken Sailor

Die Akkorde, die wir im Wechsel geübt haben, wollen wir nun auf ein konkretes Lied anwenden. Unser erstes Übungslied heißt Drunken Sailor. Vielen wird dieser irische Klassiker bekannt sein. Schaut euch mein Video dazu an, dort könnt ihr auch mit mir mitspielen.

 Erklärung:

In den ersten drei Zeilen des Verses und im Chorus spielen wir das **Em** und das **D** jeweils **4x** an. So wie in unserer vorigen Übung auch. In der vierten Zeile halbieren wir die Akkorde und spielen diese nur **2x** an. Achtet da auch auf die Rhythmik des Gesangs!

 Umsetzung:

Greift das Em und schlagt es 4x gleichmäßig an. Um ein besseres Gefühl dafür zu bekommen, welche Textzeile bei welchem Akkord gesungen wird, kann der Text gerne mitgesprochen werden. Dann wechselt auf das D (Bei „what...") und achtet darauf **keine Pause** zu machen. Es ist nicht schlimm, wenn ihr den Akkordwechsel auf das D noch nicht optimal spielen könnt. Versucht einfach mit der rechten Hand weiter zu schlagen. Das D spielen wir jetzt auch 4x an, um dann in der nächsten Textzeile wieder auf das Em (auf „what...") zu wechseln. Achtung: Wenn das „early..." kommt, dürft ihr das D nur 2x mal anschlagen, denn bei „morning..." kommt schon wieder das Em.

1.Verse

```
Em x4
What shall we do with the drunken sailor?
D x4
What shall we do with the drunken sailor?
Em x4
What shall we do with the drunken sailor?
D x2              Em x2
Early in the morning
```

Chorus:

```
Em x4
Hooray, and up she rises
D x4
Hooray, and up she rises
Em x4
Hooray, and up she rises
D x2              Em x2
Early in the morning
```

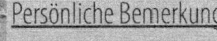 Persönliche Bemerkung:

Wir werden das Lied später noch einmal aufgreifen und einen „schöneren" Anschlag dazu spielen. Ein anderes cooles Lied mit Em und D ist „Lady in Black" von Uriah Heep oder von America „Horse with no name". Bei solchen Liedern kommt jedoch der originale Anschlag hinzu, der meist mitgelernt werden muss, damit man das Lied auch erkennt. Verschiedene Anschläge und Beispiele dazu gibt es später im Buch. Oder du schaust in meinen Youtube Kanal vorbei, dort zeige ich viele einfache Lieder, meist mit den originalen Anschlägen. Viel Spaß :)

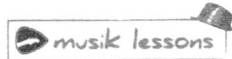

Zwei weitere Akkorde: E Dur und A Dur

Nachdem wir Em und D Dur gelernt und angewendet haben, zeige ich euch nun zwei weitere Akkorde. Das E Dur und das A Dur, denn diese beiden Griffe brauchen wir auch für das nächste Übungslied.

Das E Dur

  Erk ärung:

Auf dem linken Bild siehst du, wie man das E greift. Dazu wird die **A Saite im 2.Bund**, die **D Saite im 2.Bund**, und die **G Saite im 1.Bund** gegriffen. Falls du das Em mit deinem Mittelfinger und Ringfinger gegriffen hast, brauchst du nur noch den Zeigefinger im 1. Bund der G Saite aufsetzen und schon hat man ein E Dur. Hier müsst ihr die Hand wieder schön nach vorne schieben und den Daumen mittig hinter das Griffbrett setzen, damit ihr nicht mit dem Zeigefinger andere Saiten abdämpft. Bei diesem Griff schlagen wir alle Saiten von oben nach unten an.

Das A Dur

 Erklärung:

Auf dem rechten Bild siehst du, wie man das A greift. Dazu wird die **D Saite im 2.Bund**, die **G Saite im 2.Bund**, und die **h(b) Saite im 2.Bund** gegriffen. Am besten mit dem Zeige-, Mittel- und Ringfinger. Nun wird es schon sehr eng und ihr müsst die Hand leicht seitlich legen, damit ihr erstens: Alle Finger im zweiten Bund unter bekommt und zweitens: Auch die hohe e Saite nicht durch den Ringfinger abdämpft, denn die hohe e Saite muss beim A Dur mitklingen. Angeschlagen wird dieser Akkord ab der A Saite bis nach ganz unten.

Übung 2: Einfacher Viertel-Abschlag mit Akkordwechsel: E Dur und A Dur

 Erklärung:

Diese Übung funktioniert wie Übung 1, jedoch mit E Dur und A Dur. Spielt jeden Akkord 8x an und wechselt dann auf den nächsten. Denkt daran, dass ihr das langsam und konzentriert macht und darauf achtet, dass die Finger auf den richtigen Bünden und Saiten liegen. Dann könnt ihr langsam das Tempo erhöhen und/oder die Anschläge von 8x auf 4x reduzieren.

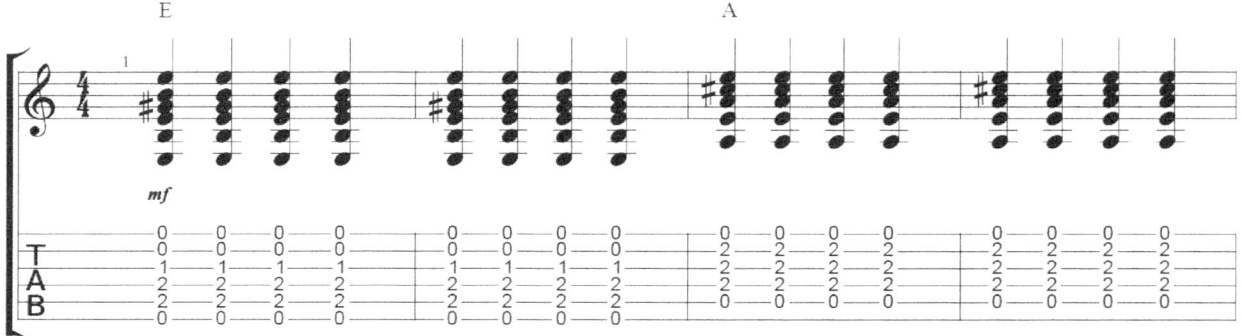

Verbinden von E A und D

Bevor wir das nächste Lied spielen, möchte ich mit euch noch eine kleine Übung machen, damit ihr euch noch besser an die Akkorde und deren Wechsel gewöhnt. Wir verbinden nun die Griffe E A und D mit einem einfachen Viertel Abschlag. Wie schon vorher erwähnt, ist es bei Akkorden nicht die Herausforderung sie zu lernen, sondern sie im Kontext spielen zu können.

Übung 3: Einfacher Viertel-Abschlag mit Akkordwechsel: E A und D

 Erklärung:

Diese Übung funktioniert wie Übung 1 und 2, aber mit E A und D. Spielt jeden Akkord 8x an und wechselt dann auf den nächsten.

 Umsetzung:

Wir spielen hier erst das E, dann das A, dann das D, dann wieder das A und dann mit E wieder von vorne. Diese Übung kann auch gut mit Metronom geübt werden. Nehmt euch ein langsames Tempo und versucht jeden Anschlag auf einen „Klick" zu setzen. Zum Metronomspiel gibt es später noch Tipps und Übungen. Denkt dran, dass ihr den Akkordwechsel langsam und konzentriert macht und darauf achtet, dass die Finger auf den richtigen Bünden und Saiten liegen. Dann könnt ihr langsam das Tempo erhöhen und/oder die Anschläge von 8x auf 4x reduzieren.

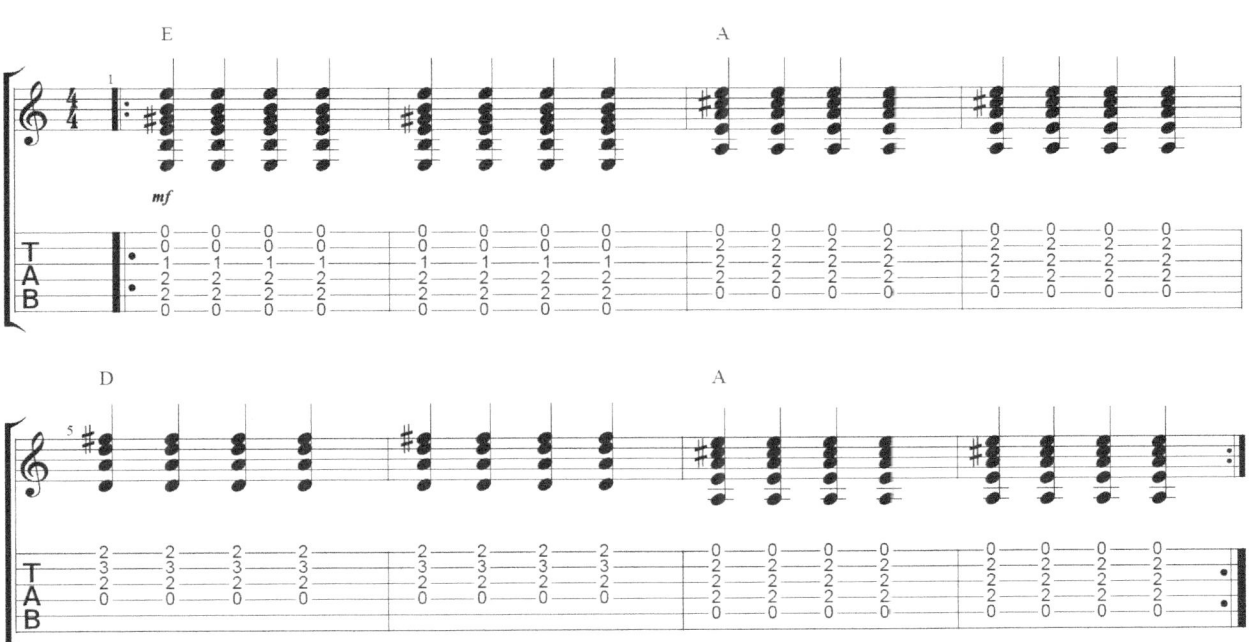

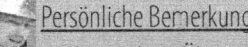 Persönliche Bemerkung:

Ihr könnt diese Übung selbst variieren, indem ihr versucht, eine eigene Kombination von E A und D zu spielen. Ich habe damals mit diesen drei Akkorden schon ein eigenes Lied geschrieben. Seid also kreativ und habt Mut etwas eigenes an der Gitarre zu erschaffen. Ich zeige euch hier nur Empfehlungen, die auf meinem eigens entwickelten didaktischen System beruhen. Probiert selbst aus, was euch gefällt. Der Vorteil dabei ist: Wenn man selbst Akkordfolgen entwickelt, übt man länger und intensiver. Man erschafft dabei etwas Eigenes und spielt nicht nur stumpf alles nach. Viel Spaß dabei :)

Übungslied 2: „Drei Chinesen mit dem Kontrabass"

Die Akkorde (E A D), die wir jetzt gelernt und im Wechsel geübt haben, werden wir nun auf ein bekanntes Lied anwenden. Das Kinder- bzw. Volkslied „Drei Chinesen mit dem Kontrabass" ist sehr bekannt und daher ist es gut als Anfänger- und Übungslied geeignet. Den Rhythmus und die Melodie haben wohl die meisten im Kopf.

Es macht viel Spaß, dieses Lied z.B. mit Kindern zu spielen, da die Textvariationen ab der zweiten Wiederholung sehr witzig sind und für viel Erheiterung sorgen. Aus „Drei„ wird dann z.B. „Dro" und so weiter. Ich denke das Lied werden viele von euch kennen.

Erklärung:

Schaut euch das Akkordschema unten an und spielt die Akkorde so wie es der Text und Rhythmus vorgibt. Viel zu beachten gibt es nicht, außer, dass wir in der letzten Zeile das A und das E **halbiert** (nur 1x) spielen. Dieses Lied ist auch gut geeignet, um den „Gesang" beim Gitarre spielen zu üben.

Umsetzung:

Da wir die Akkorde als Viertel anspielen, spielen wir diese immer nur **2x**. Da der Endakkord des zweiten Taktes ein E und der Anfangsakkord des dritten Taktes auch ein E ist, spielen wir es an dieser Stelle 4x. Zur besseren Übersicht habe ich es euch getrennt, in zweier Anschlägen, aufgeschrieben. Achtet auf den **letzten Takt**, da dürft ihr das A und das E nur **einmal (1x)** anspielen. An dieser Stelle ist ein guter und schneller Wechsel vonnöten. Wer dazu singen will, sollte auf die unterschiedlichen Rhythmen und Geschwindigkeiten des Textes achten. Dadurch, dass wir das Lied aber so gut kennen, kommt man da schnell rein.

Ax2   **E**x2
1. Drei Chinesen mit dem Kontrabass
Ex2   **A**x2
saßen auf der Straße und erzaehlten sich was.
  Ax2   **D**x2
Da kam die Polizei : Ja, was ist denn das?
Ax1   **E**x1   **A**x2
Drei Chinesen mit dem Kontrabass.

2. Dre Chenesen met dem Kentrebess
sessen ef der Stresse end erzehlten sech wes.
De kem de Peleze: Je, wes est denn des?
Dre Chenesen met dem Kentrebess!

3. Dro Chonoson mot dom …

4. Drae Chaenaesaen maet daem …

5. Drau Chaunausaun maut daum …

Übungslied 3: „Die Gedanken sind frei"

Das dritte Übungslied hat in zweierlei Hinsicht eine besondere Bedeutung. Erstens könnt ihr das Lied als Herausforderung zum Abschluss dieses Kapitels sehen. Ganz so einfach wie die bisherigen Lieder ist es aufgrund des 3/4 Taktes und der Sprach- bzw. Gesangsrhythmen nämlich nicht. Zweitens hat das Lied eine passende Aussage und Bedeutung. „Die Gedanken sind frei" ist ein deutsches Volkslied über die Gedankenfreiheit, entstand zu Zeiten der französischen bzw. deutschen Revolution und fordert die politische, geistige und gesellschaftliche Unabhängigkeit. Es steht für mich als Sinnbild dafür, dass man auch in der Musik alle Freiheiten haben sollte und dass ihr beim Erlernen eines Instruments nicht unmündig und willenlos alles übernehmt was euch „vorgekaut" wird, sondern wie an anderer Stelle schon erwähnt, euch euren eigenen musischen und instrumentalen Bedürfnissen und Orientierungen bewusst werdet und diese auch verfolgt.

 Erklärung:

„Die Gedanken sind frei' ist in einem 3/4 Takt gehalten. Wichtig ist, dass wir pro Takt drei Viertel-Anschläge einsetzen. Im Akkordschema seht ihr, wie oft ihr den Akkord anspielen müsst. Nutzt beim Üben auch wieder das dazugehörige Video, um besser in den Rhythmus reinzukommen.

 Umsetzung:

Achtet darauf in einem gleichbleibenden 3/4 Takt zu spielen. Der Sprachrhythmus hebt sich hier deutlich vom Gitarrenspiel ab. Das zweite A (ab „erraten") wird insgesamt 9x, also für drei Takte gespielt. Achtet beim Singen darauf, dass wir dort auch einen kleinen „Walzer", also einen 3/4 Takt inne haben. Tonal und harmonisch ist das Wort „Gedanken" schwer zu singen, weil es bei „anken" eine Erhöhung und doppelte Betonung des Vokals „a" beinhaltet. Man kann das Lied auch gut mit einem Metronom üben, um sich den 3/4 Takt besser zu vergegenwärtigen.

Ax6   Ex3   Ax2

Die Gedanken sind frei wer kann sie erraten?

Ax7   Ex3   Ax3

Sie fliehen vorbei wie nächtliche Schatten.

Ex3   Ax3   Ex3   Ax3

Kein Mensch kann sie wissen, kein Jäger erschießen

Dx3   Ax3   Ex3   Ax3

mit Pulver und Blei: Die Gedanken sind frei.

ⓘ Info: Weitere Lieder mit E A und D
Smokie -*"Living next Door to Alice"*; Creedence Clearwater Revival -*"Bad Moon Rising"*; The Troggs - *"Wild Thing"*;
Rolling Stones -*"Sympathy for the Devil"*; Snow Patrol - *"Chasing Cars"* ...

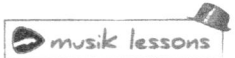

Kapitel 2: Zusammenfassung

So, da wären wir :) Wir haben nun unsere ersten Akkorde und Melodien gespielt. Wer es bis hierher geschafft hat, kann stolz auf sich sein und auch ich bin stolz auf euch, denn ihr habt Mühe und Zeit investiert und eventuell sogar Schmerzen auf euch genommen, um eure ersten Lieder an der Gitarre zu spielen. Super ! :)

Was haben wir bisher gelernt?

- Einzelnoten Melodie: „Old Mac Donald" zur Erkundung des Griffbretts und Erlangung von Noten und Rhythmuskompetenzen
- Akkorde wie Em, E Dur, A Dur, D Dur und Lieder wie „Drunken Sailor", „Drei Chinesen mit dem Kontrabass" und „Die Gedanken sind frei" zum Erlernen von Griffbildern der Akkorde, der Motorik des Anschlags und der harmonischen und logischen Zusammenführung in einem Lied.
- Aneignen von Griffen und Noten, üben und wiederholen von schwierigen Stellen, Zusammenführung und Abschluss eines Stücks.

Ihr habt noch viel vor euch, was ihr lernen müsst, aber ihr bringt schon jetzt das grundlegende Rüstzeug mit, welches man braucht um sich als Hobbygitarrist einen Song, Notenfolge oder Akkorde anzueignen. In den nächsten Kapiteln gehe ich mehr auf weiterführende Techniken, theoretische Details und weitere Lieder ein. Wer möchte, kann über meine Youtube Playlist „Einfache Akustik Lieder" (zu finden auf meiner Homepage oder direkt in meinen Youtube Kanal) bekannte Songs lernen, die meist einfach und ohne Barreés gespielt werden.

Die drei besten Tipps für Gitarrenanfänger

Viele meiner Videos auf Youtube sind sehr erfolgreich. Eins davon erklärt die drei besten Tipps für Gitarrenanfänger. Zu diesem Video habe ich viel Feedback bekommen, denn es ist ja so, dass wenn man sich das Gitarrenspiel alleine autodidaktisch zum Beispiel mit Internetvideos oder einem Buch beibringt, cann doch die persönliche und individuelle Note fehlt. Es fehlt dieser letzte Feinschliff und die externe Kontrolle. Viele Anfänger machen die gleichen Fehler bzw. gehen die gleichen Schritte. Meine drei besten Tipps sollen euch dazu verhelfen noch besser zu werden, Fehler zu vermeiden und das Gitarrenspiel aus der richtigen Perspektive zu sehen. Schaut euch das Video doch einmal bei Youtube an und hinterlasst mir einen Kommentar wie es euch weiter geholfen hat :)

Hier ist die URL: https://youtu.be/TUhHlgaRbCY

#1: Motivation und Kontinuität

Beim Lernen eines Instrumentes ist es wichtig, eine gewisse Kontinuität zu haben. Das heißt, dass ihr regelmäßig übt und die Gitarre in die Hand nehmt. Motivation ist da ein großer Faktor. Wer kennt es nicht, diese anfängliche Euphorie bei einer neuen Sache, die aber nach ca. 4 Wochen wieder verschwindet. Sucht euch einen Weg, euch dauerhaft zum Üben und zum Spielen zu motivieren. Ich mache das zum Beispiel über den musikalischen Austausch mit anderen Musikern (Punkt #3) oder durch den Besuch von Konzerten und Workshops. Wichtig ist einfach, dass ihr kontinuierlich übt, am besten jeden Tag für 30 Minuten. Ich empfehle euch zusätzlich mit einem Lehrer zusammenzuarbeiten, da er neben der Fachkenntnis, welcher er euch übermittelt, auch eine Art Motivationscoach ist.

#2: Neues lernen und üben

Versucht die Gitarre ganzheitlich zu lernen und euch nicht auf ein Genre zu spezialisieren. Seid offen für andere Musik und versucht gerade in den ersten Jahren so viele verschiedene Techniken und Genres an der Gitarre zu erlernen, wie es nur irgendwie möglich ist. Nur so wird man ein ganzheitlicher Gitarrist. Selbstverständlich hat jeder seine Lieblingsmusik, jedoch kenne ich viele, die sich zum Beispiel nur Musik einer einzigen Band aneignen. Das ist zu einseitig! Wichtig ist, dass ihr versucht immer wieder neue Dinge zu lernen und euch nicht auf dem ausruht, was ihr bereits könnt. Ihr braucht das F Dur? Ja dann lernt es und spielt nicht nur Lieder ohne Barreés. Das Gelernte müsst ihr immer wiederholen, damit ihr es nicht vergesst und einrostet. Mit der Zeit wird euer Repertoire dadurch ganz schön umfangreich. Es ist wichtig, dass ihr da eine Balance zwischen dem Neuerlernten und dem Alten herstellt - beides ist wichtig.

#3: Musikalischer Austausch

Man kann die Instrumentalisten in zwei Lager aufteilen. Die Einen, die nur für sich üben und die Anderen, die mit anderen Musik machen. Die zweite Gruppe kommt erfahrungsgemäß schneller am Instrument voran als diejenigen, die nur für sich im stillen Kämmerlein spielen. Um konzentriert zu üben ist das zwar auch wichtig, aber der musikalische Austausch mit anderen ist hervorragend, um sich selbst einschätzen zu können, andere Techniken und Lieder zu lernen und vor allem auch, dass man Erfahrung beim Musizieren mit anderen Leuten bekommt. Den kreativen Part beim Liederschreiben noch gar nicht mit eingerechnet. Ich vergleiche das immer mit einem Fußballspieler. Wer spielt besser? Der, der nur bei sich im Garten oder Hinterhof gegen die Wand schießt oder der, der aktiv im Verein ist und Sonntags zum Spiel aufgestellt wird?

Sucht euch Gitarrengruppen, Bands oder Freunde, mit denen ihr spielen könnt. Ihr werdet sehen, wie toll das ist :)

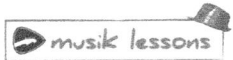
Kapitel 3: Rhythmus

In diesem Kapitel behandeln wir als erstes etwas Theorie. Aber keine Sorge, ich sage immer, dass ich meinen Schülern nur so viel Theorie zuführe, wie wir auch gerade brauchen. In diesem Kapitel zeige ich euch die einzelnen **Notenwerte** und **Grundlagen der Rhythmik**. Verbunden wird das mit schönen und einfachen Einzelnotenmelodien, gefolgt von einigen ersten Gitarrenanschlägen und natürlich wieder mit Übungsliedern :)

Was ist denn Rhythmus / Rhythmik?

Das ist die zeitliche Struktur von Noten, ihrer Dauer und Pausen.

Ihr alle habt schon **Rhythmik** angewendet. Wenn ihr z.B. versucht einen Akkord gleichmäßig anzuspielen, so wendet ihr schon Rhythmik an. Ihr braucht also davor keine Angst zu haben, auch wenn dieses Thema sehr umfangreich werden kann. Musik ist wie Mathematik. Sie ist klar definiert und gibt uns genau an, wie wir welche Note zu spielen haben. An dieser Stelle gibt es eine einfache **Einführung** in Rhythmik, damit wir Dinge wie Takte, Notenwerte und Geschwindigkeiten besser verstehen. Wenn wir zum Beispiel eine Note als „Viertel" ausklingen lassen müssen, um dann auf der „1 und" des nächsten Taktes wieder anzufangen, werdet ihr dies nach diesem Kapitel verstehen. Rhythmik hilft Lieder, ihren Rhythmus und ihre Notenwerte besser umzusetzen. Aber keine Sorge, intensiv Noten lernen müsst ihr dazu nicht.

Taktarten:

Ein **Takt** ist der Bereich in dem die Noten stehen. Er wird durch vertikale Linien abgegrenzt und ist somit das Kästchen worin sich unsere Noten befinden. Das sagt uns aber noch nichts über die Art des Taktes. Am Anfang der Partitur steht der Anfangstakt (meist 4/4), welcher definiert wie lang die Takte dauern. Bei einem 4/4 Takt wäre das vier Viertelnoten lang. Darüber hinaus gibt es noch weitere Takte als den 4/4 Takt. Hier im Buch habt ihr auch schon den 3/4 Takt kennengelernt. Er besteht aus einer Länge von drei Viertelnoten. Es gibt aber auch „krumme" oder individuelle Takte wie z.B. der 5/8 Takt, der aus fünf Achtelnoten besteht.

Noten und Zählzeiten:

Auf der nächsten Seite findet ihr eine Übersicht über die gängigsten **Noten- und Pausenwerte**, verbunden mit ihren **Zählzeiten**. Die Notenschrift hat zwei Informationen für uns. Die Tonhöhe, d.h. ob sie ein C, D# oder F ist (für uns hier erstmal nicht von Bedeutung) und wie lange sie gespielt, gehalten oder pausiert wird - Das interessiert uns hier ;-) Zählzeiten sind dabei wichtig, denn sie repräsentieren den zeitlichen Wert einer Note und wir können uns ihre Dauer besser vorstellen. In der hier genutzten Übersicht steht deshalb über jeder Note eine Zahl (1234) - die Zählzeit.

 Persönliche Bemerkung:
Wenn wir später komplexe Takte und Rythmen spielen, ist das Mitzählen sehr schwer oder sogar hinderlich. Versucht daher die Rhythmen aus „Gefühl" zu spielen. Das ist mehr wert, als wenn ihr immer alles mitzählt bzw. sture Strummingpattern aller „DUDDUUD", wie ein Roboter, nachspielt. Ich weiß, dass es schwierig ist, aber nur so bekommt ihr euren persönlichen Groove :)

Ganze- und Halbe-Noten

Die **Ganze-Note** sieht wie ein unausgefüllter Kreis aus. Sie selbst bzw. ihre gleichnamige Pause, klingt über den gesamten Takt. Hier „vier"

Zählzeiten (1-2-3-4) des 4/4 Taktes. Die **Halbe-Note** hat zusätzlich einen Notenhals und klingt über „zwei" Zählzeiten (1-2)(3-4).

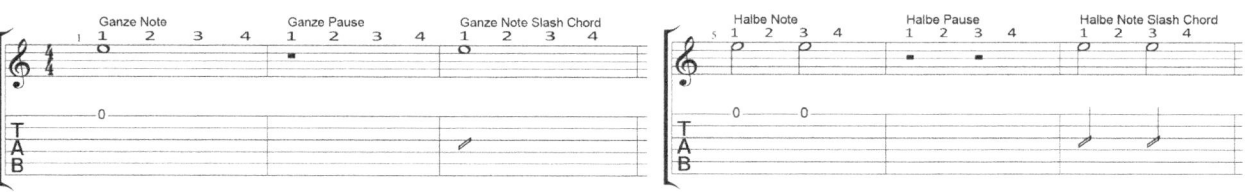

Viertel-Noten

Die **Viertel-Noten** sind die Töne, die auf den Zählzeiten 1-2-3-4 im 4/4 Takt liegen. Sie sehen wie ein ausgefüllter Kreis aus.

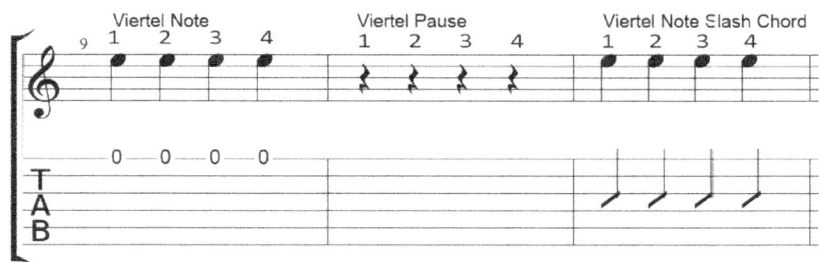

Achtel-Noten

Achtel-Noten werden doppelt so schnell wie Viertel-Noten gespielt. Damit man dies in den Zählzeiten unterbringen kann, zählt man ein „und" zwischen den Zahlen mit (hier als + gekennzeichnet). Also „Eins und Zwei und Drei und Vier und". Damit man die Achtelnote besser lesen und aufschreiben kann, wird sie mit einer weiteren Achtelnote durch einen dicken schwarzen Balken „verbunden".

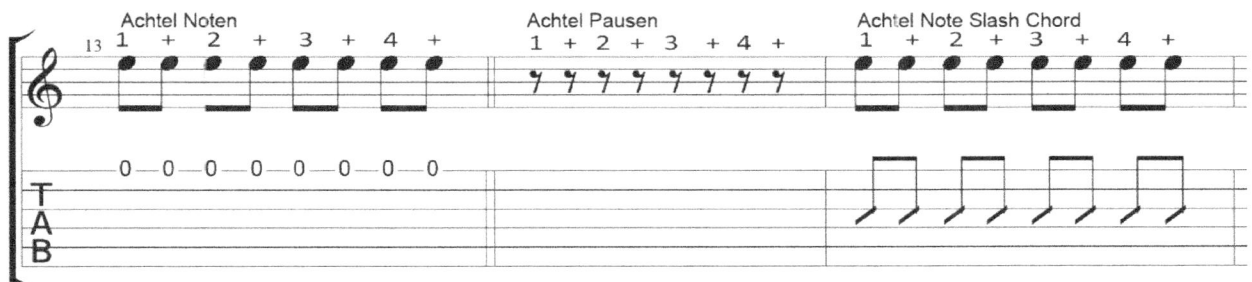

Sechzehntel-Noten

Sechzehntel-Noten werden doppelt so schnell wie Achtelnoten gespielt. Wir zählen hier ein „e" zwischen der Zahl und dem „und".

Also „Eins e und e zwei e und e drei e und e vier e und e". Sie werden durch einen doppelten Balken dargestellt.

Übungslied 4: „Drunken Sailor" - Einzelnoten

 Erklärung:

Wir werden nun die **Notenwerte** und **Zählzeiten** mit einem Übungslied verbinden. Das Lied „Drunken Sailor" haben wir bereits mit

Akkorden gespielt. Nun spielen wir die Gesangsmelodie als Einzelnoten, was auch gleichzeitig eine gute Koordinationsübung ist. Wie ihr seht, haben wir nun einen Mix aus Viertel-, Achtel- und am Schluss auch Halbe-Noten. Hier lernt ihr nicht nur auf die Tabulatur, sondern auch auf die Noten bzw. den Rhythmus zu achten.

🏃 Umsetzung:

Versucht die Noten takt- und rhythmusgerecht zu spielen, d.h. dass eine **Achtel-Note** auch **schneller** gespielt werden muss als eine Viertel-Note. Die Zählzeiten über den Noten sollen euch dabei helfen. <u>Anspielhand</u>: Spielt erstmal so wie es euch am besten passt (mit Daumen oder Finger). Versucht es auch mal mit **Wechselschlag**, d.h. mit Mittelfinger und Ringfinger abwechselnd. <u>Greifhand</u>: Auch hier könnt ihr erstmal nur den Zeigefinger zum Greifen nehmen. Versucht aber auch mal den Mittel- und Ringfinger einzusetzen.

Übungslied 4.1: „Drunken Sailor" - Sechzentel-Noten

 Erklärung:

Das Übungslied 4.1 ist eine Erweiterung der vorherigen Version von „Drunken Sailor". Es wird im Endeffekt genau gleich gespielt, jedoch haben sich die **Notenwerte** und die **Lage** geändert. Wir spielen die Melodie jetzt mit **Achtel-** und **Sechzehntel-Noten** doppelt so schnell wie in der vorigen Übung. Das ist eine gute Übung, um das Lesen und die Umsetzung von Sechzehntel-Noten zu üben.

 Umsetzung:

Versucht die Noten takt- und rhythmusgerecht zu spielen, d.h. dass eine **Sechzentel-Note** auch **schneller** gespielt werden muss, als eine Achtel-Note. Die **Zählzeiten** über den Noten sollen euch dabei helfen. Anspielhand: Spielt erstma so, wie es euch am besten passt (mit Daumen oder Finger). Versucht es auch mal mit **Wechselschlag**, d.h. mit Mittelfinger und Ringfinger abwechselnd. So kann man auch die schnelleren Noten **flüssiger** spielen. Greifhand: Auch hier könnt ihr erstmal nur den Zeigefinger zum Greifen nehmen. Versucht aber auch mal, so wie in der vorigen Übung, den Mittel- und Ringfinger einzusetzen. Bei dem hohen A (Ncte im 5.Bund auf der e. Saite) könnt ihr versuchen, den kleinen Finger einzusetzen.

Rhythmus Pattern / Slash Chords

Eine weitere häufig gestellte Frage bei Youtube bzw. an mich als Gitarrenlehrer ist, dass ich den Leuten den „Anschlag" erklären soll oder Strumming Pattern, Anschlagsmuster etc.. Wie schon an anderer Stelle erwähnt, versuche ich meine Schüler immer dazu zu bewegen, dass sie die Fähigkeit entwickeln, Rhythmen und Anschlagsmuster aus Liedern selbst herauszuhören und auf ihre Gitarre zu übertragen. Ein System, welches uns den Anschlagsrhythmus anzeigt, sind die **Rhythmus Pattern** bzw. **Slash Chords**. Ihr habt sie schon am Anfang dieses Kapitels bei der Darstellung der Notenwerte kennengelernt. Sie werden wie normale Noten gelesen und gespielt. Dargestellt werden sie durch einen **schrägen Balken**. Charakteristisch ist dabei, dass ihre „Füllung" der einer Note gleicht. Also ausgefüllt, halb ausgefüllt, verbunden mit Balken etc.. Regelmäßig kommt es zu Verwirrung um die „Slash Chords", denn es gibt auch eine harmonische Variante des Akkordspiels, welche man als „Slash Akkord" bezeichnet. Ich bezeichne diese Übersichten als **Rhythmus Pattern** oder auch als **Slash Rhythmen**. Die Rhythmus Pattern zeigen uns genau an, in welchem **rhythmischen Verhältnis** der Anschlag gespielt werden muss.

Beispiel 1: Rhythmus Pattern

Beispiel 2: Komplexere Rhythmus Pattern

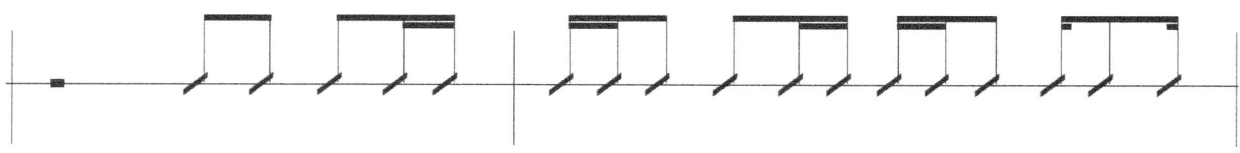

Persönliche Bemerkung:

Ich nutze die Slash Rhythmen relativ wenig, weil ich die Rhythmen meist per Gehör aus den Liedern heraushöre und auch so verinnerliche. Das empfehle ich jedem. Die Rhythmus Pattern können helfen, um sich den Anschlag zu vergegenwärtigen. Man hört es aber raus, wenn sich der Gitarrenspieler stur an diese Vorgaben hält. Es klingt zu monoton, steif und sogar langweilig.

Übungslied 4.2: „Drunkensailor" - Slash Rhythmen

 Erklärung:

Könnt ihr euch an die einfache Akkordversion von Drunken Sailor auf S.23 erinnern? Jetzt nutzen wir zwar die gleichen Akkorde (Em und D), aber wir spielen die Akkorde in einem **speziellen Rhythmus** an. Dazu verhelfen uns nun die **Rhythmus Pattern**. Schaut man sich die Notenwerte an, sieht man, dass es dieselben Werte sind, wie beim Übungslied 4. Der Anschlagsrhythmus ist genau der selbe, wie der Rhythmus der Einzelnoten. Dieses Übungslied soll euch erstmal nur die Slash Rhythmen näher bringen. „Coole" Anschlagsrhythmen und deren Grundlagen behandeln wir in **Kapitel 4 „Gitarrenanschlag"** und in den folgenden Kapiteln.

 Umsetzung:

Die Schwierigkeit hier besteht nun darin, die Akkorde in dem „what shall we do" Rhythmus anzuschlagen. Das könnt ihr erstmal so machen, indem ihr jeden Akkord immer von **oben nach unten** (Abschlag) anschlagt. Bei den **Achtel-Noten** (die mit dem Balken) müsst ihr schneller anschlagen. Wer möchte kann bei den Achteln nun auch schon den **Wechselschlag** benutzen, also hoch und dann runter schlagen. Diese Technik werden wir später noch genauer kennenlernen. Achtet auch hier auf einen **flüssigen Wechsel** der Akkorde, denn durch den „Achtel-Anschlag", der bestimmt noch ungewohnt ist, wird das Gehirn und euer motorischer Apparat ungewohnt gefordert.

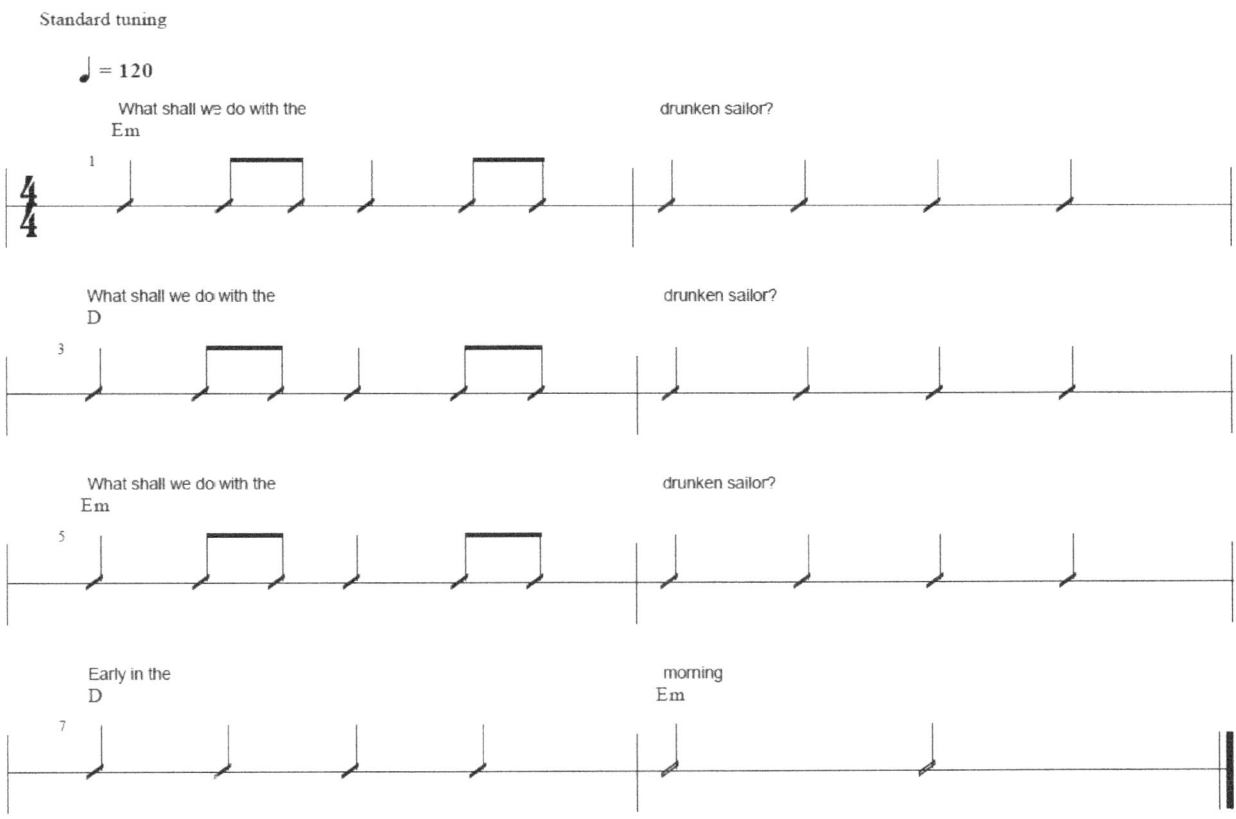

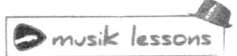

Häufig gestellte Fragen - Teil 1

Im Rahmen meiner langjährigen Tätigkeit als Gitarren- bzw. Musiklehrer, Youtuber und auch als studierter Bildungswissenschaftler haben sich manche Fragen, gerade von Anfängern, oft wiederholt. Hier findet ihr nun einige der meist gestellten Fragen und meine Antworten darauf. Wichtig ist, dass ich immer versuche objektiv zu sein und euch möglichst neutral, aber mit Erfahrung angereicherte Antworten zu geben. Ich hoffe, ihr findet hier auch einige Antworten auf eure bisherigen Fragen.

Wie lange dauert es bis ich „gut" Gitarre spielen kann?

Willkommen zu einer der meist gestelltesten und gleichzeitig am schwierigsten zu beantwortenden Fragen überhaupt :)

Leider gibt es keinen fixen Zeitraum, wann man sagen kann: „So, jetzt bin ich ein guter Gitarrenspieler". Wie will man das definieren? Ab wann ist man gut? Ich finde es zum Beispiel schon gut, wenn ihr als blutiger Anfänger eure ersten drei Akkorde spielen könnt. Aber macht das einen guten Gitarrenspieler aus? Oder wenn man zehn Lieder kann? Aber wie betitelt man dann denjenigen, der fünfzehn Lieder spielen kann? Als absoluten Vollprofi? Schwierig oder? Aber ich weiß, was der Anfänger mit dieser Frage beabsichtigt. Ihr meint einen Zustand, wo man sich einfach schön an die Gitarre setzt und spielen kann. Einen Zustand, indem man nicht mehr nur Frust empfindet oder stundenlang Übungen machen muss. Leider, und das sage ich ganz ehrlich, wird dieser Zustand nie aufhören :D Es gibt IMMER etwas an der Gitarre zu tun, zu lernen, zu verbessern. Deshalb gibt es auch nie einen Zustand, in welchem man einen Gitarrenspieler als „fertig" bezeichnen kann. ABER, ich kann euch grob sagen, dass ihr ca. nach 1,5 - 3 Jahren aus dem Gröbsten raus seid. Danach habt ihr meist die Fähigkeit und Kompetenz, ohne große Schwierigkeiten euch eigene Lieder anzueignen, deren Spiel und Greiftechniken zu übernehmen und einfach an der Gitarre locker zu spielen. Aber das heißt nicht, dass ihr nach 3 Jahren der große Profi seid. Musik hat viel mit Erfahrung, Routine und Fleiß zu tun und das kommt erst mit den Jahren. Hier gilt auch der berühmte Spruch „Der Weg ist das Ziel". Versucht euch selbst nicht unter Druck zu setzen, indem ihr einem Zustand hinterher lauft, den man nicht genau definieren kann. Um die ursprüngliche Frage trotzdem zu beantworten: Könnt ihr 10 Lieder aus dem Kopf spielen? Habt ihr keine großen Probleme bei den gängigsten Akkorden? Könnt ihr euch selbst Lieder aneignen und das in einem ordentlichen Tempo? Habt ihr Spaß am Musizieren bzw. am Üben? Wenn ihr das alles erfüllt, dann habt ihr schon mal ein gutes Level erreicht. Ob das nach einem, zwei oder drei Jahren passiert ist völlig egal. Jeder hat sein eigenes Tempo :)

Ich greife Akkord XY / spiele meine Gitarre und es klingt komisch/falsch. Woran liegt das?

Das ist eine Frage die von Leuten gestellt wird, die mich online anschreiben. Dazu ist zu sagen, dass es schwierig ist, eine Ferndiagnose zu stellen. Wenn ihr Akkorde spielt und es sich „komisch" oder „falsch" anhört, kann das an vielen Dingen liegen. Wenn ihr vor mir sitzen würdet, könnte ich das Problem meist in 2 Sekunden erkennen. Jetzt sehe ich euch aber nicht :) Aber wir versuchen es trotzdem mal: In vielen Fällen ist die Gitarre verstimmt. Nur ein gestimmtes Instrument kann auch gut klingen. Gerade bei Akkorden oder Noten und vor allem dann, wenn ihr es zum Beispiel mit dem Klang aus den Videos oder von originalen Liedern vergleicht. Zweiter Grund ist, dass die Leute noch nicht gut oder genau genug greifen. Da rutscht schonmal ein Finger in den falschen Bund. Die Leute merken das nicht oder studieren den Griff oder die Noten falsch ein und fragen sich dann, warum das ganze komisch klingt :) Dritter Grund kann sein, dass wirklich die Gitarre schlecht, verzogen oder defekt ist. Das erlebt man immer wieder bei (billigen/günstigen/geschenkten) Instrumenten, Dachbodenfunden oder falsch eingestellten Gitarren. In solchen Fällen muss sich meist ein Fachmann das Instrument ansehen und beurteilen, ob man es einstellen oder reparieren kann.

Akustik Gitarre lernen

Welche Lieder würdest du mir empfehlen, die man als Anfänger unbedingt können muss?

Das ist auch eine sehr schöne Frage :) Im Präsenzunterricht, meiner eigenen privaten Musikschule, richte ich den Unterricht sehr stark an den musikalischen Geschmack des Schülers aus. Das heißt, dass er mir durch eine Liste, (die immer zwischendurch aktualisiert wird) seine Lieblingsbands, Musiker und generell Songs, die er gut findet und nachspielen möchte übermittelt. Daran richte ich dann meistens den Unterricht aus, so dass er mit „seinen Songs" Gitarre lernt und nicht mit irgendwelchen Standardliedern aus Büchern oder „Lieder die man spielen können muss". Es motiviert am meisten, wenn man Stücke lernt, zu denen man einen Bezug hat, daher empfehle ich es jedem. Macht euch doch mal Gedanken, welche Lieder und Songs ihr gut findet und versucht diese zu lernen. Das macht doch viel mehr Spaß als „Drei Chinesen mit dem Kontrabass" oder „What shall we do with the drunken Sailor" zu üben. Ups... :D Aber es gibt natürlich Lieder und Songs, die man immer wieder findet, wenn Leute Anfängerlieder empfehlen. Diese Liste ist aber trotzdem sehr lang und berührt viele Genres. Manche empfehlen Kinder- und Volkslieder, manche schlagen Folk und Country vor und andere Pop und Chart-Hits. Ich habe mir immer Liederbücher (wie „Das Ding") zur Hilfe genommen. Wenn ihr mit einem Lehrer zusammenarbeitet, kann euch dieser einige Lieder empfehlen, die zu eurem Kenntnisstand passen. Wichtig ist, dass ihr Spaß dabei habt.

Kann man sich Gitarre spielen selbst beibringen?

Es gibt in der Gitarrenwelt viele Gitarristen, die sagen oder behaupten, dass sie nie Unterricht bekommen hätten. Trotzdem sieht man ja, dass sie erfolgreich sind bzw. waren. Andere schwören auf ihren Lehrer oder empfehlen jedem Gitarrenneuling, Unterricht zu nehmen. In meinem bildungswissenschaftlichen Studium habe ich nach der Frage geforscht, welche Art der Wissensaufnahme und Übermittlung zu einem erfolgreichen Lernprozess führt. Dazu gibt es die umfangreichsten Theorien und Versuche und im Endeffekt keine allumfassende Antwort. Ich sehe das Thema aus einer neutralen und sogar wissenschaftlichen Weise. Fakt ist, dass ein (guter) Lehrer positiv auf Lernerfolg, Inhalte, Lerngeschwindigkeit und Motivation einwirken kann. Hier kommt es auf den Lehrer an. Fakt ist aber auch, dass man sich das Gitarre spielen sehr gut selbst beibringen kann. Durch das Zeitalter des Internets ist es so leicht wie nie zuvor, Inhalte informell zu erlangen und sich Kompetenzen anzueignen, für die früher mindestens eine Face to Face Kommunikation erforderlich war (siehe meine Videos bei Youtube). Trotzdem kann ich aus meinem eigenen Erfahrungsschatz sagen, dass viele Menschen, die nur mit Büchern, Videos oder durch Eigeninitiative ein Instrument lernen, eine geringere Lerngeschwindigkeit, weniger Motivation und eventuell spieltechnische Mängel aufweisen. Die Mischung macht es: das Zusammenarbeiten mit einem Lehrer, das Lernen mit einem Buch oder Video und der Austausch mit anderen Musikern sowie anderen zahlreichen didaktischen Stilmitteln (z.B. social media lernen). Neben dem klassischen Lernen finde ich persönlich den Austausch mit anderen Musikern sehr gewinnbringend, denn hier ist der Lerneffekt nicht zu unterschätzen. Dieser Austausch, der gleichzeitig als ein „Lehrerersatz" fungiert, wird oft von Musikern erwähnt. „Wir haben uns damals getroffen und einfach rumgejamt". Versucht einfach eine Mischung aus allem für euch zu finden. Es gibt zwar autodidaktisches Lernen, jedoch solltet ihr für alle Lernwege offen sein. Entwickelt euer eigenes Lernkonzept, mit dem ihr euch wohlfühlt und ihr werdet sehen, dass ihr schneller voran kommt und noch motivierter seid.

Hier seht ihr einige Impressionen aus meinem Musikprojekt „Christian an Friends". Schaut es euch auf Youtube an: www.youtube.com/c/ChristianAndFriendsMusic

Kapitel 4 - Gitarrenanschlag

In diesem Kapitel behandeln wir nun endlich die **Gitarrenanschläge**, das **Strumming** oder auch **Schlagmuster**. Bisher haben wir ja schon einiges an der Gitarre kennengelernt und können Töne und Akkorde spielen. Wie schon an anderer Stelle erwähnt, bekomme ich oft die Frage gestellt, ob ich den Leuten nicht „Den Anschlag" zu einem Lied zeigen bzw. genauer erklären kann. Das Problem bei den meisten Gitarrenanfängern liegt meist nicht im Akkorde greifen, sondern im korrekten Anschlags- bzw. Rhythmus-Spiel. Es kam damals mal ein Schüler zu mir, der davon berichtete, dass er bei einer Jamsession zwei Musiker gefragt hatte, ob sie ihm nicht mal einen Gitarrenanschlag zeigen könnten. Daraufhin antwortete einer der Musiker, dass er das gerne tun könne, aber wenn er ihm seinen Anschlag zeigen würde, dass er dann immer nach ihm klingen würde. - Das ist ein schöner Punkt, den ich direkt mal aufnehmen möchte. Ich hatte schon an anderer Stelle erwähnt, dass ich es immer empfehle seinen „**eigenen Anschlag**" zu entwickeln. Hört euch die Lieder, die ihr spielen wollt an und schlagt die Akkorde in dem Rhythmus an, den ihr dabei heraushört. Das wäre das Optimum :) Das Problem ist dabei, dass gerade Anfänger das einfach nicht können und wenn sie versuchen den Anschlag der originalen Gitarrenspur eines Lieder, herauszuhören, wie „Ochs vorm Berge stehen" und nicht wissen, was sie machen sollen. Dieses Kapitel hilft euch dabei eine Grundlage zu schaffen, so dass ihr verschiedene Gitarrenanschläge kennen und spielen lernt. Darauf kann man dann aufbauen und seinen eigenen Rhythmus finden.

Wechselschlag

 Als erste erweiterte Technik der Gitarrenanschläge werden wir den Wechselschlag bearbeiten. Bei den Anschlagsmustern müssen wir oftmals selbst entscheiden, was wir als Wechselschlag oder als Abschlag spielen. Die Pfeile an der Tabulatur (siehe unten „Abschlag" und „Wechselschlag") sollen euch helfen zu erkennen, welche Technik ihr für welchen Anschlag benutzen sollt.

Erklärung:

Der Wechselschlag ist beim Akkordanschlag eigentlich ganz einfach. Anstatt jeden Akkord von oben nach unten oder auch als „Abschlag" „Runter" oder „**Down(D)**" bezeichnet, schlagen wir den Akkord immer im Wechsel oder auch von unten als „Aufschlag" „Rauf" oder „**Up(U)**" genannt, an. Dazu spielt ihr ganz locker die Saiten runter und dann wieder rauf. Probiert das mal mit einem E Dur und einem Metronom. Langsam im Vierteltakt und dabei das Handgelenk locker lassen.

Umsetzung:

Greift das E Dur und nehmt zum Anschlag am besten den Zeige- oder Mittelfinger. Ich nehme dafür meist den Zeigefinger. Schlagt den Akkord locker von oben nach unten an, bleibt mit der Hand unterhalb der Saiten und führt den Zeigefinger gefühlvoll wieder die Saiten hoch. Wichtig ist hier, dass ihr nicht an den Saiten hängen bleibt und, dass ihr den Zeigefinger locker lasst, damit er geschmeidig über die Saiten gleiten kann. Bei der Zählzahl 1 schlagen wir runter, bei 2 dann rauf. Bei 3 spielen wir wieder runter und bei 4 wieder rauf.

Übungslied 5: „You are my Sunshine"

Wir schauen uns nun das nächste Übungslied an. „You are my Sunshine" ist ein alter Country Klassiker und sehr bekannt. Die Melodie und den Gesangsrhythmus hat man durch unzählige Covers und Songversionen meist direkt im Kopf. Im Text wird davon gesprochen, dass die besungene Geliebte der Sonnenschein sei und sogar bei grauem Himmel, bzw. als Interpretation, in schlechten Zeiten, immer wieder aufheitert. Schör oder? :)

Wir nutzen hier nun die **Wechselschlagtechnik,** um die Akkordbegleitung zu spielen. Der Gedanke dabei ist, dass ihr bekannte Akkorde (E, A und D) mit dieser Anschlagstechnik spielt. Der Wechselschlag an sich ist nicht schwer, aber wer dann den Text mitsprechen/singen will wird schon merken, dass es schwieriger ist, als „einfach" den Abschlag zu benutzen.

 Erklärung:

Versucht die Bewegung, die wir in der Wechselschlagübung gemacht haben, auf das Lied und seine Akkorde zu übertragen.

In der Akkord-Übersicht seht ihr die Anzahl der Anschläge. Achtet auch hier wieder darauf, dass ihr den Akkordwechsel flüssig spielt. Wir schlagen hier nicht die Vertel, sondern die **Achtel** an.

Umsetzung:

Schlagt zuerst das A 8x an. Immer schön rauf und runter - schön **gleichmäßig**. Dann das D, das A und wieder das D 4x. Bei der Textstelle „I love you..." muss man das A 6x anspielen und das E nur 2x, um dann wieder „gerade" im Takt zu sein. Das danach folgende A wird wieder 4x angespielt. Wenn ihr mitsingen möchtet, dann müsst ihr darauf achten, dass ihr erst das „You are my.." vorweg singt, um erst bei Sunshine einzusetzen. Viel Spaß :)

Chorus:

```
                 Ax8
You are my sunshine, my only sunshine,
           Dx4                     Ax4
You make me happy when skies are gray,
           Dx4                     Ax6
You'll never know dear, how much I love you,
                 Ex2       Ax4
Please don't take my sunshine away,
```

Wir werden hier auf einfache Weise einige **Anschlagsvarianten** kennenlernen. Diese könnt ihr dann bereits für eure ersten Lieder nutzen.

4/4 Anschlag

  Erklärung:

 Greift das **E Dur**. Im ersten Takt dieser Übung spielen wir den Akkord in **Viertel-Noten** einfach runter. Im zweiten Takt variieren wir den Anschlag derart, so dass wir beim ersten Anschlag nur die **obersten drei Saiten** und beim zweiten Anschlag nur die **untersten drei Saiten** anspielen. Im dritten Takt machen wir das nicht mehr abwechselnd, sondern bleiben für die ersten beiden Anschläge auf den oberen Saiten und für die restlichen beiden Anschläge gehen wir auf die unteren Saiten. Ihr müsst das alles nicht mit Abschlag spielen. Es bringt aber eine gewisse Stärke des Akkords, die etwas verloren geht, wenn wir die verschiedenen Saiten mit Wechselschlag anspielen.

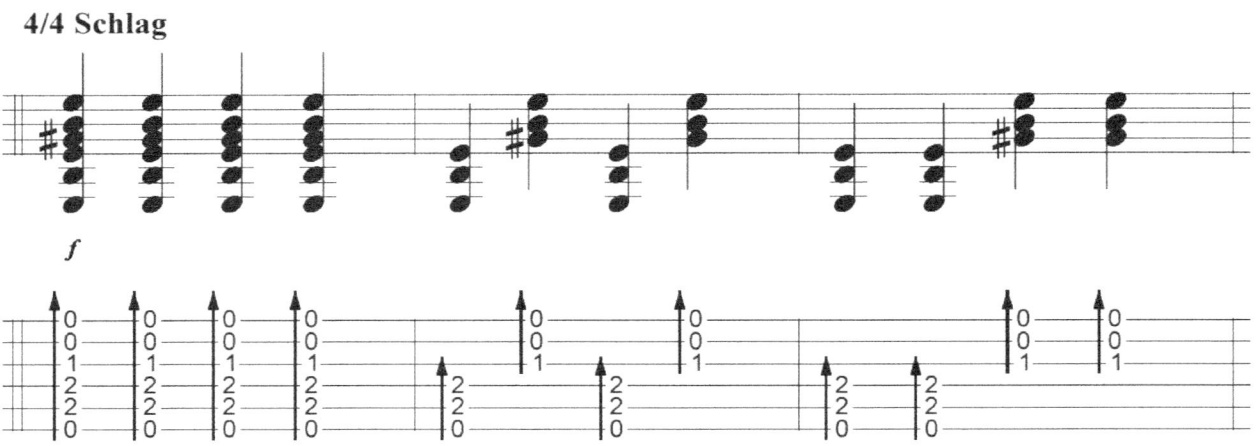

8tel Schlag

 Erklärung:

Ihr greift wieder ein **E Dur**. Nun spielen wir das Ganze als **Achtel-Noten**, also doppelt so schnell UND im **Wechselschlag** (achtet auf die Pfeile). Im zweiten Takt variieren wir wieder die angeschlagenen Saiten. Zuerst die oberen drei Saiten und dann die unteren drei Saiten. Hier kommt nun hinzu, dass wir auch dazu den Wechselschlag benutzen müssen. Versucht es langsam und sauber zu spielen.

Westernanschlag

 Erklärung:

Der Westernanschlag bzw. seine Variation findet man überall wieder. Er wird auch oft „**Bum-Schakka**" oder „**Lagerfeuer**"-Anschlag genannt. Hier kombinieren wir nun Viertel und Achtel-Anschläge und wählen bewusst den Ab- oder Aufschlag (siehe Pfeile). Am besten schaut ihr euch das Video zu dieser Übung an und macht den Anschlag mit mir mit.

 Umsetzung:

Greift das E Dur. Wir spielen das E Dur von oben nach unten an und lassen es „**lange**" ausklingen (als Viertel). Dann spielen wir den Akkord zweimal „**schnell**" an und das am besten im Wechselschlag. Ihr seht auf der unteren Noten- und Akkorddarstellung, dass dort nur die unteren drei Saiten (g - h - e) angespielt werden. Wenn ihr möchtet, könnt ihr auch den gesamten Akkord bzw. alle Saiten anschlagen. Im Anschluss müsst ihr direkt den **vierten Anschlag** dahinter setzen. Dieser vierte Anschlag ist wieder unser „über alle Saiten klingendes" E Dur (dritter Akkord), welcher wiederum als Viertel (also „**lang**") klingt. Jetzt wird einfach der erste Teil des Taktes wiederholt. Man kann den Anschlag auch so beschreiben: „**Laanng - kurz - kurz - Laanng - kurz - kurz**" oder auch „Bumm Schakka, Bumm Schakka" :D

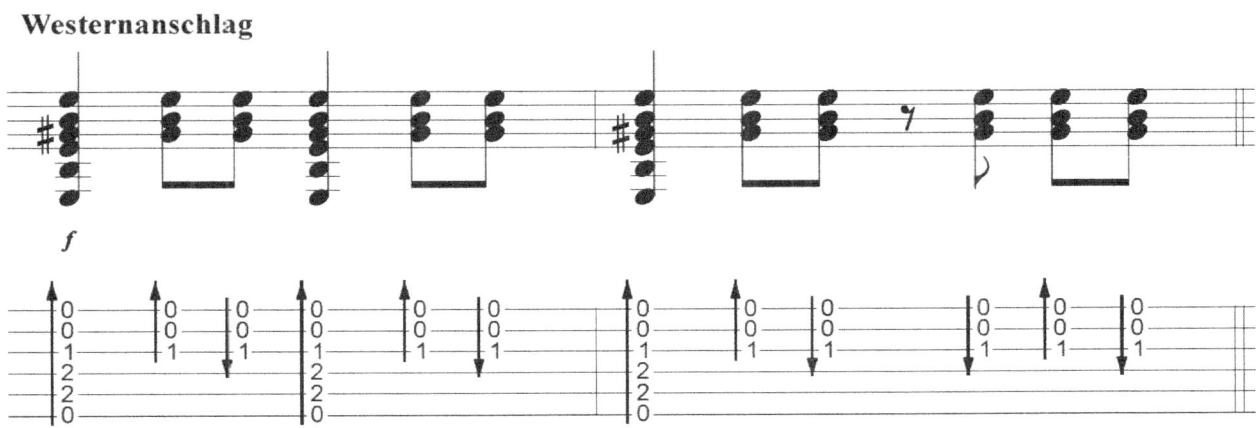

Die Variation im zweiten Takt:

Wir betrachten nun den zweiten Takt dieser Übung. Hier kommt nun eine Pause dazu. Eine Pause bedeutet, dass in der Zeit (hier eine Achtel) kein Ton klingen darf. Das heißt, dass eigentlich nach dem dritten Anschlag kurz **abgedämpft** werden muss. Versucht die Saiten mit der flachen Hand abzudämpfen. Alternativ könnt ihr einfach den dritten Anschlag **ausklingen** lassen, um dann die letzten drei Achtel im Wechselschlag zu spielen. Schaut euch diesen Anschlag in meinem Video an. Übersetzt wäre der Anschlag so: „Laanng-kurz, kurz (- - -) kurz, kurz, kurz" oder „Bumm Schakka (---) Schakka-ah"

Übungslied 5.1: „You are my sunshine" - Slashchords mit Westernanschlag

 Erklärung:

Wir nehmen uns nochmal den Refrain von „You are my sunshine" vor und versehen ihn mit dem **Westernanschlag.** Leichter gesagt als getan :-) Wer den Text dazu mitsprechen möchte, muss darauf achten, dass der Anschlag „versetzt" zu den Lyrics ist. Das merkt ihr auch schon, weil wir erst „vorsingen" müssen (You are my...). Die Schwierigkeit an der Gitarre ist hier, dass ihr den Akkordwechsel flüssig spielen müsst. Versucht Pausen und unrhythmisches Spiel zu vermeiden.

Umsetzung:

Die Struktur ist hier die gleiche wie beim Übungslied 5, bei welchem wir nur die Viertel angespielt haben. Nun nehmen wir unseren Westernanschlag bzw. „Bumm Schakka"-Anschlag und spielen ihn über die Akkorde. Spielt den Anschlag wie bei der vorigen Übung mit Wechselschlag, also jedesmal wenn die Achtel kommen runter und rauf (D-U). Ihr könnt dabei auch gerne ein Metronom laufen lassen, um den Rhythmus noch besser zu lernen und zu trainieren. Auch wenn ihr Probleme beim Wechsel der Akkorde habt, versucht mit der rechten bzw. der strumming Hand weiterzuschlagen. Es ist möglich, dass es sich nicht korrekt anhört, dann habt ihr den Akkord noch nicht fertig gegriffen. Versucht aber unbedingt eine Pause zu verhindern. Die Greifhand wird sich nach der Zeit eurem Tempo anpassen.

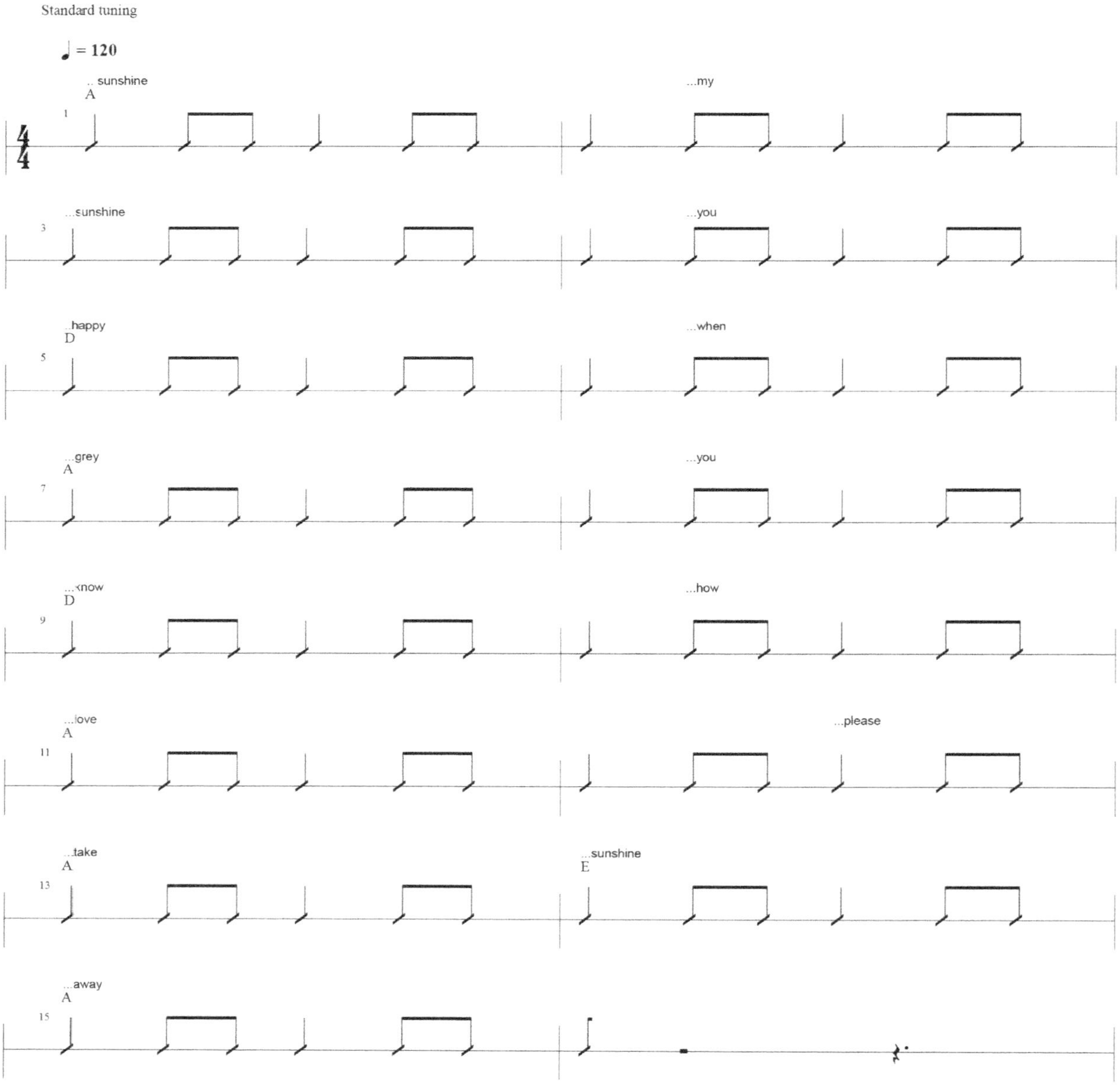

Standard tuning

♩ = 120

Übungslied 5.2: „Drunken Sailor" - Anschlagskombination

Erklärung:

Jetzt vertiefen und verfeinern wir unsere Fähigkeiten, ein Lied mit attraktiven Anschlagskombinationen zu spielen. Wir kombinieren nun den **Westernanschlag mit einem abwechselnden 4/4 Anschlag**. Im ersten Takt greifen wir ein E Dur und spielen den uns nun geläufigen Westernanschlag. Im zweiten Takt betonen wir den Gesangsrhythmus mit Viertel-Anschlägen. Um das Ganze noch abwechslungsreicher zu gestalten, wechseln wir hier die Bass- und die Melodiesaiten ab. Schaut euch zur besseren Umsetzung auch mein Video dazu an. Das Lied endet auf zwei E Moll, welche komplett als Abschlag gespielt werden.

Umsetzung:

Achtet beim Spielen der Akkorde darauf, die richtigen Saiten anzuschlagen. Die Noten bzw. Tabulaturen zeigen euch detailliert an, wo ihr auf- und abschlagen und welche Saiten ihr Anspielen müsst. Z.B. wird das E Moll (im Achtelanschlag) nur unten auf der G, b(h) und e Saite angeschlagen, wohingegen die lange Viertel des Akkordes komplett über alle Saiten klingt. Beim D Dur ist es genauso, achtet da aber darauf, dass wir nun nicht so „viele Saiten" zum anspielen haben. Aus diesem Grund habe ich beim D noch die A Saite als Leersaite mit hinzugenommen.

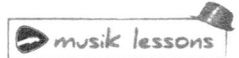 **Die drei größten Fehler von Gitarrenanfängern**

1. Keine Geduld

In der heutigen Zeit ist man es gewohnt, auf verschiedene Dinge nicht lange warten zu müssen. Ergebnisse, Erfolg und bestellte Lieferungen müssen und sollen so schnell wie möglich eintreffen. Unsere Gesellschaft befindet sich in einer schnelllebigen Zeit. Ihr habt hier nun dieses Buch gekauft und seid sogar schon bis an diese Stelle gekommen (wenn ihr nicht die Kapitel übersprungen habt ;-)) und musstet eine gewisse „Geduld" aufbringen. Ihr hattet eventuell an der ein oder anderen Stelle Probleme und musstet durch Übung und Fleiß hart dafür arbeiten, dass es nun klappt. Glaubt mir, das wird an der Gitarre immer so bleiben. An dieser Stelle soll es darum gehen, dass viele Anfänger nicht die notwendige Geduld aufbringen, um am Instrument vernünftig und mit Mehrwert zu üben. Das Problem ist, dass sich viele Anfänger keine Vorstellungen davon machen, was es heißt ein Instrument zu spielen. Man denkt sich: „Ach komm, ich schau mir mal ein bisschen Gitarre an, so schwer kann das ja nicht sein". Das wäre so, als wenn ich Profifußballer werden möchte und denke, dass ich ja nur ein bisschen kicken muss, um von einem großen Verein unter Vertrag genommen zu werden. Der Spruch: „Ohne Fleiß, kein Preis" ist hier so aktuell wie nie. Aber was heißt das denn jetzt „keine Geduld"? Ein Gitarrenanfänger sollte sich bewusst machen, dass das Erlernen eines Instruments ungefähr wie das Erlernen einer Sprache ist. Es dauert erstmal ein bisschen, bis ihr zurecht kommt und man lernt auch nie aus. Benutzt man das Instrument bzw. die Sprache etwas länger nicht, rostet man ein. Die meisten Anfänger haben keine Geduld mit sich selbst und mit dem Instrument. Sie setzen sich selbst stark unter Druck und geben meist auf, wenn eine Übung, ein Lied oder ein musikalisches Vorhaben nicht klappt. Man macht dann zum Beispiel eine gewisse Übung und wenn diese langweilig oder zu anspruchsvoll wird, dann wird sich was anderes angeschaut. Bei Riffs bzw. Songs ist das meist genauso. Ein Lied, welches man gut findet, wird sich eben schnell im Internet runtergeladen (Tabs oder Chords), dann wird sich dieses kurz angesehen und wenn man merkt, dass zum Beispiel das Intro ja noch zu schwer ist, dann macht man halt eben nur den Chorus und schaut sich dann das nächste Lied an. Durch das Überangebot im Internet hat man auch als Anfänger einen gewissen Druck, sich möglichst viel angucken zu müssen. Generell ist das Einstudieren von vielen Liedern/ Riffs/ Übungen ja gut, aber es kann auch in das Gegenteil überschlagen und man macht irgendwie nie was „richtig" und switcht immer hin und her, bis man enttäuscht/ gelangweilt/ genervt mit dem Gitarrenspiel aufhört. Hier fehlt die Geduld, sich zum Beispiel konzentriert mit drei verschiedenen Songs und Übungen auseinanderzusetzen und diese akkurat und bis zu einem gewissen Punkt zu üben. Geduld ist wichtig beim Lernen von Instrumenten und unsere Geduld wird immer mehr strapaziert, je mehr man am Instrument lernen will. Schon Yoda sagte „Geduld, du haben musst"

2. Falsche Technik

Eine falsche Technik ist der nächste Grund, warum Anfänger nicht so voran kommen, wie sie möchten. Technik wird hier als „Spieltechnik" verstanden. Viele Anfänger machen sich über Grifftechnik, Handhaltung, Sitzhaltung, Anspieltechnik etc. keine Gedanken. Gerade wenn man mit Büchern oder Videos lernt, hat man niemanden, der die eigene Spieltechnik korrigiert. Nur sehr wenige Gitarrenanfänger übernehmen instinktiv die vorgegebene Technik und üben von Anfang an „richtig". Aber ist eine gute oder „richtige" Spieltechnik denn wirklich so wichtig? Musik ist leider nicht hart in schwarz und weiß unterteilt und so gibt es zu jeder Meinung und Position, auch immer eine Gegenposition, die in der Praxis ihre Richtigkeit belegt. Aber man kann insgesamt festhalten, dass wenn man eine „schlechte" Technik hat, auch schlechter spielt. Es ist wichtig gewisse Grundlagen zu beherrschen, wie z.B. eine gerade und gut ausgerichtete Handhaltung. Die generelle Haltung an der Gitarre muss auch stimmen, so dass man z.B. nicht krumm sitzt oder andauernd die Schulter nach vorne zieht. Beim Anspielen der Gitarre muss man auch einen einfachen Rhythmus im langsamen Takt halten können und und und. Das sind alles „Basics" die optimalerweise stimmen müssen, sonst ziehen sich diese Defizite durch das gesamte Gitarrenspiel und man fragt sich warum man zum Beispiel bei „Nothing else matters" den „pull off Teil" nicht richtig spielen kann. Eine defizitäre Technik, die 3 Jahre lang einstudiert wurde, wieder auszumerzen ist sehr aufwendig und wird von vielen dann auch nicht mehr verfolgt. Man lebt dann halt damit, dass man zum Beispiel keine Barree Griffe spielen kann oder, dass man bei einer einfachen Melodie nicht an den weit entfernten Bund, mit dem kleinen Finger, ran kommt. Dann nimmt man halt den Ringfinger, auch wenn der da eigentlich nicht einzusetzen wäre. Das sind alles Punkte, die sich mit der Zeit summieren und die einem das Gitarrenspiel erschweren können. Es ist daher wichtig, dass gerade Gitarrenanfänger immer wieder Technikübungen machen. Konzentriert, intensiv und nicht einfach nach gefühlten 5 Minuten dann doch wieder das Lieblingslied an der Gitarre runterdudeln :)

3. Kein Lehrer

Der Punkt „Kein Lehrer" steht für mehrere Aspekte. Braucht man denn überhaupt einen Lehrer? Es gibt doch so viele coole Gitarristen, die mit breiter Brust darüber berichten, dass sie nie Unterricht genommen haben. Was ist jetzt richtig? Was soll ich euch als „Lehrer" denn jetzt bitte sagen ;) Es ist richtig, dass sich viele Leute autodidaktisch das Gitarrenspiel beigebracht haben. Aber was heißt das? Haben die auf einer einsamen Insel gewohnt und sich aus dem Nichts heraus das Gitarrenspiel beigebracht? Nein natürlich nicht. Sie hatten nur keinen Lehrer. Ob das immer so richtig ist, weiß man auch nicht. Oftmals ist deren Gitarrenspiel daraus entstanden, dass sie sich das Gitarrenspiel von ihren Idolen abgeschaut, sich mit anderen Leuten getroffen oder sie viel mit ihrem Gehör und Spielgefühl gearbeitet haben. Das alles ist auch gut so. Im Endeffekt haben diese Stilmittel den Lehrer ersetzt, aber solche Leute sind entweder generell sehr musikalisch talentiert, sehr fleißig oder als Autodidakt geboren. Wir sprechen hier aber von dem Otto Normalverbraucher, der einfach ein bisschen Gitarre lernen will. Der setzt sich nunmal nicht 5 Stunden nach der Schule oder Arbeit hin und spielt sich die Finger wund (oftmals von berühmten Gitarristen angegeben). Der reine Anfänger kennt meistens nicht viele Musiker, mit denen er sich trifft, um bis in die Nacht zu jammen, sondern er kommt früh am Abend nach Hause, schmeißt sich auf die Couch und versucht irgendwie Gitarre zu lernen - und GENAU da kann ein Lehrer absolut hilfreich sein. Der kompetente Lehrer gibt dir ein didaktisches System an die Hand, welches auf deine persönlichen Bedürfnisse ausgerichtet ist. So sollte es sein ;) Ein Lehrer ist aber auch dazu da, dass er den eigenen musikalischen Horizont erweitert. Er zeigt einem Übungen und Songs, die man sich vorher eventuell nicht angeschaut hätte. Er verweist auf Fehler im Spiel und zeigt einem neue Techniken, die einem gar nicht bewusst waren. Viele Anfänger denken, sie bräuchten am Anfang keinen Lehrer und würden sich dann „wenn sie etwas besser sind" einen nehmen. Das ist genau der falsche Weg. Ein Lehrer ist auch dazu da, euch zu motivieren und euch durch kleinen Phasen der Demotiviation zu helfen. Es gibt immer wieder Schüler, die mir sagen, dass wenn sie nicht regelmäßig Unterricht nehmen würden, sie bestimmt schon mit Gitarrenspielen aufgehört hätten. Bei vielen ist zu beobachten, dass sie nach einem Motivationsloch wieder begeistert sind und besser sind als zuvor. Selbstverständlich kosten Lehrer Zeit und Geld und manchmal hat man von beidem nichts übrig. Das ist schade und kann natürlich auch an der Motivation zerren. Versucht einfach einen Lehrer zu finden, der zu euch passt :)

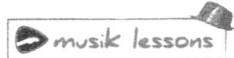

Kapitel 5 - Neue Akkorde: G Am C

Wir haben im Laufe des Buches schon einige Akkorde kennengelernt - fertig sind wir aber noch nicht. Wir benötigen noch einige Griffe, damit wir möglichst viele Lieder spielen können. In diesem Kapitel erwartet uns das G Dur, das A Moll und das C Dur. Wir werden hier vier Übungslieder durcharbeiten, anhand derer ihr diese Akkorde üben könnt.

Neuer Akkord: G Dur

 Erklärung:

Auf dem unteren Bild sieht man wie das G Dur gegriffen wird. Bei diesem Griff gibt es wie bei einigen anderen auch verschiedene Varianten. Wir greifen mit dem **Mittelfinger die E Saite im 3.Bund**, mit dem **Zeigefinger im 2.Bund auf der A Saite**, die D, G und h(b) Saite bleiben **frei** und die **hohe e Saite** wird mit dem kleinen Finger oder Ringfinger (für viele Anfänger einfacher, aber nicht unbedingt besser) im **3.Bund** gegriffen. Schwierig ist hier erstens, die A Saite sauber klingen zu lassen und zweitens, den 3.Bund auf der hohen e Saite mit dem kleinen Finger oder mit dem Ringfinger zu erreichen. Wichtig ist auch, dass ihr oben die E Saite nicht runterzieht. Anfänger „krallen" sich gerne mal an der Saite fest, weil sie noch Schwierigkeiten haben den Griff zu greifen - dann klingt jedoch der Akkord schief. Außerdem solltet ihr darauf achten, immer kurz vor dem Bundstäbchen zu greifen, sonst schnarrt die Saite und der Akkord klingt unsauber.

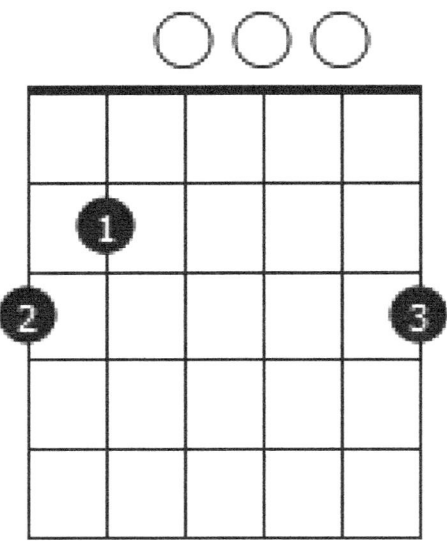 

Übungsvorschlag:

Wir schenken uns nun eine Übung die euch vorgibt, wie ihr den Akkord beim Wechsel mit anderen Akkorden spielen sollt. Dafür kennt ihr nun schon so viele Varianten. Nehmt euch 2-4 Akkorde (wobei einer oder mehr davon das G sein sollte) und schlagt diese flüssig und regelmäßig an. Versucht dabei den neuen Akkord, also das G, wie alle anderen flüssig und sauber zu spielen.

Hier trotzdem ein Vorschlag von mir:

1. D x 4 ; A x 4; G x 4; A x 4

2. G x 4; D x 4; G x 4; A x 4

3. Em x 4; G x 4; D x 2; G x 2, D x 1; G x 1

4. G x 1; D x 2; G x 1; A x 2; G x 1; Em x 2

Übungslied 6.1: „If you´re happy and you know it"

Unser erstes Übungslied in diesem Kapitel „If you´re happy and you know it" ist ein bekanntes internationales Kinderlied. Hier kommt das G nur einmal vor und ihr könnt euch dabei vie Zeit lassen. Das Lied ist ein Gute-Laune-Song, der gut bei Kindergruppen ankommt. Gerade auch im Bezug auf die Variationen (anstatt der „clap your Hands", „stomp your feet" oder „tap your nose").

 Erklärung:

Ihr könnt die Akkorde so schnell und so oft anspielen, wie ihr wollt. Vielleicht bringt ihr sogar einen alternativen Anschlag mit rein. Schaut auch mal ins dazugehörige Video und guckt, was ich da aus dem Lied raushole :D Wichtig ist jedoch zu wissen, dass der Gesang vorgelagert ist. Das lässt einem die Möglichkeit, beim G ein wenig „Pause" zu machen, um den Akkord richtig zu greifen.

```
                       D          /          /          /          A
If you're          happy     and you    know it clap your hands
(clap clap)
                       A          /          /          /          D
If you're          happy     and you    know it clap your hands
(clap clap)
                       G          /          /
If you're          happy     and you    know it
/                      D          /          /
and you            really    want to    show it
/                      A          /          /          /          D
If you're          happy     and you    know it   clap your
hands (clap clap)
```

```
If you're happy and you know it...
... stomp your feet - (stomp stomp)
... yell "hooray!" (hoo-ray!)
... do ALL three (clap-clap, stomp-stomp, hoo-ray!)
... slap your legs  (slap slap)
... turn around
... snap your fingers  (snap snap)
... slap your knees  (slap slap)
... nod your head  (nod nod)
... tap your toe  (tap tap)
... honk your nose  (honk honk)
... pat your head  (pat pat)
```

Übungslied 6.2: „My Bonnie"

Das zweite Übungslied in diesem Kapitel ist „My Bonnie". Es ist ein schottischer Folksong, den auch irgendwie jeder kennt :) Die Beatles haben ihn in den 1960ger Jahren sehr bekannt gemacht. Inhaltlich geht es um eine Frau, die ihren auf See fahrenden Mann herbeisehnt. Bonnie bedeutet auf schottisch „hübsch" und ist hier dem Seemann gewidmet. Also geht es nicht um ein Pony, was zurück gebracht werden muss :-D „My Bonnie" wandelte sich mit der Zeit vom Kinderlied zum Shanty (Seemannslied) hin zum Poplied. Es wurde oft und viel gecovert.

 Erklärung:

Dieses Lied setzt nun das G Dur öfters ein. Auch hier gebe ich euch die Anschläge nicht mehr vor. Spielt es entweder einfach und langsam oder etwas schneller und rhythmischer an. Achtet hier auch wieder darauf, dass der Gesang (bei „My") vorgelagert ist.

```
        D              G         D
My bonnie lies over the ocean

        D              E         A
My bonnie lies over the sea

        D              G         D
My bonnie lies over the ocean

        D              A         D
Oh bring back my bonnie to me

D                G
Bring back, bring back
A                        D
Bring back my Bonnie to me, to me
D                G
Bring back, bring back
A                        D
Bring back my Bonnie to me
```

Neue Akkorde: Am und C Dur

Hier lernen wir nun das A Moll und das C Dur kennen. Harmonisch sind sie sich sehr ähnlich, was auch an ihrer Parallelität in den Tonarten liegt. Im Anschluss findet ihr dann wieder zwei Übungslieder, die das A Moll und das C Dur innehaben. In der Praxis sieht man es öfter, dass man vom Am auf das C Dur wechselt. Das ist besonders einfach, weil man eigentlich nur den Ringfinger umsetzen muss. Versucht besonders beim C Dur die Hand schön nach vorne zu schieben, sodass die leeren Saiten frei schwingen können.

Das A Moll

 Erklärung:

Das Am wird gegriffen wie das E Dur, nur eine Saite tiefer. Gegriffen wird es auf dem **2.Bund auf der D Saite** mit dem Mittelfinger, **2.Bund auf der G Saite** mit dem Ringfinger und auf dem **1.Bund auf der h(b) Saite** mit dem Zeigefinger. E, A und e Saite bleiben frei. Achtet darauf, dass ihr die Hand nach vorne schiebt, damit die hohe e Saite frei schwingen kann.

Das C Dur

 Erklärung:

Das C sieht ein bisschen aus wie eine „Treppe". Wir greifen im **3.Bund A Saite** mit dem Ringfinger, **2.Bund D Saite** mit dem Mittelfinger und **1.Bund (h)b Saite** mit dem Zeigefinger. Die G Saite bleibt leer. Achtet darauf, dass ihr die Hand nach vorne schiebt, damit alle Saiten gut schwingen können. Wenn ihr die Hand nach hinten zieht, dann wird die G und die hohe e Saite abgedämpft.

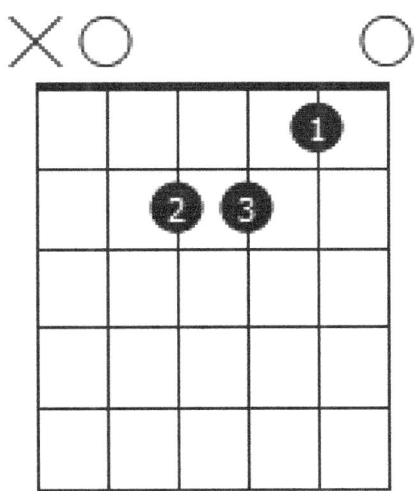

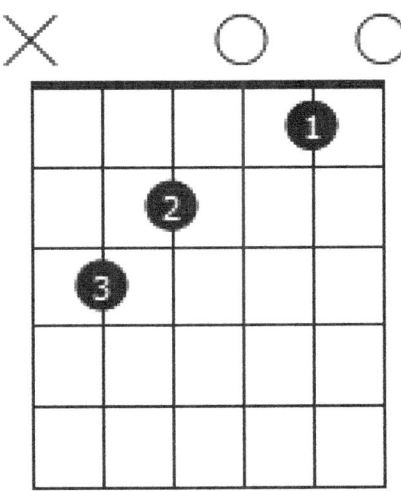

Übungsvorschlag:

Nehmt euch wieder eigene Akkorde zur Hand und übt das Am und C Dur eigenständig.

Hier einige Vorschläge vor mir:

1. Am x 4; D x 4; Am x 4; Em x 4

2. Am x 4; G x 4; C x 4; D x 4

3. C x 4; D x 4; C x 4; Am x 4

4. Am x 2; C x 2; G x 4; D x 2; Am x 1; C x 1

Übungslied 7.1: „Greensleeves"

Das dritte Übungslied in diesem Kapitel ist Greensleeves. Es ist im Ursprung eine
Melodie eines englischen Volksliedes und hat die zerbrochene Liebe zwischen
einem Sänger und dem besungenen Mädchen im grünen Kleid zum Thema. Das
Lied hat gerade durch das A Moll einen melancholischen Charakter. Von der Anzahl
der Akkorde ist dieses Lied nun schon etwas schwieriger, deshalb habe ich euch
die jeweiligen Viertel-Anschläge der Akkorde mit aufgeschrieben. Wer gerne singt,
kann in diesem Lied in die Vollen gehen oder die Version mit Jasmin und mir mitspielen.

 Erklärung:

Das Lied setzt nun Am, C Dur und das G Dur ein, also alle Akkorde, die wir in diesem Kapitel neu gelernt haben. Die Akkorde an sich sind
nicht schwer. Das was eventuell „anstrengend" wird, ist das **Wechseln der Akkorde**. Wir bleiben meist nicht lange auf einem Akkord,
müssen sie aber trotzdem sauber spielen, weil das Lied so langsam ist. Gerade im Refrain („Greensleeves was ...") gibt es keinen konstanten
Anschlagsrhythmus und ihr müsst gut darauf achten, wo ihr euch im Text befindet.

```
Amx1      Cx1          Gx1     Emx1
Alas, my love, you do me wrong,
   Amx2                   Ex2
to cast me off discourteously.
     Amx1    Cx1        Gx1       Emx1
For I have loved you well and long,
   Amx1     Ex1      Amx2
delighting in your company.


Cx2                   Gx1     Emx1
Greensleeves was all my joy,
Amx2              Ex2
Greensleeves was my delight
Cx2                   Gx1       Emx1
Greensleeves was my heart of gold,
     Amx1          Ex1  Amx2
and who but my lady greensleeves.
```

Übungslied 7.2: „When Johnny comes marching home"

Das vierte Übungslied dieses Kapitels ist „When Johnny comes marching home" und hat es schon in sich. Es fängt seicht und easy an, aber endet in einer wahren Flut von Akkorden. Zusätzlich kann man hier einen richtig coolen Rhythmus spielen, der sich in den **Gesangsrhythmus** einpasst. Ein leicht akzentuierter Viertel-Anschlag reicht aber auch. Das Lied stammt aus der Zeit der Sezessionskriege in Amerika und beschreibt die Rückkehr eines Soldaten namens Johnny. Das Lied bzw. seine Melodie kennt man aus vielen Filmen wie z.B. „Vom Winde verweht" oder „Stirb Langsam".

 Erklärung:

So wie im vorigen Übungslied setzen wir hier auch die Akkorde **Am, C Dur und G Dur** ein. Die ersten vier Zeilen sind noch moderat zu spielen. Jeder Akkord wird 4x angeschlagen. Ab der fünften Zeile („The men will cheer ...") merkt man wie das **Tempo** und die Stimmung im Lied, angezogen wird. Hier spielen wir jeden Akkord nur noch 2x. In der vorletzten und letzten Zeile wird dann jeder Akkord nur noch 1x angespielt. Hier muss man die Akkorde schon schnell wechseln können. Wer dazu singen will, kann sich auf reichlich Stress beim Spielen vorbereiten :) Wenn ihr dabei Schwierigkeiten habt, übt die Akkorde erst langsam und versucht das Tempo mit der Zeit zu steigern.

```
           Am
When Johnny comes marching home again
      C
Hurrah! Hurrah!
           Am
We'll give him a hearty welcome then
       C
Hurrah! Hurrah!
        C                            G
The men will cheer and the boys will shout
         Am                    E
The ladies they will all turn out
             Am  G      C   Am
And we'll all feel gay when
Am               E        Am
Johnny comes marching home.
```

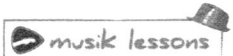

Häufig gestellte Fragen - Teil 2

Sollte man einfache oder schwierige Sachen üben?

Diese Frage bekomme ich häufig von Anfängern in der Hoffnung gestellt, dass ich sie dahingehend bestätige und dass man nur mit schwierigen Übungen an der Gitarre weiterkommt. Das stimmt leider nicht ganz. Musik kann man schwierig in schwarze und weiße Bereiche unterteilen. Meine Erfahrung mit Gitarrenanfängern (gerade die, die nach ca. 1-2 Jahren zu mir kommen) ist, dass sie meist mit Basics und einfachen Übungen Schwierigkeiten haben. Was nützt es einem Fußballspieler, wenn er viele krasse Tricks drauf hat, aber beim Passen und Dribbeln versagt? Auf die Gitarre übertragen können viele Gitarristen keine langsamen Takte halten, einfache Fingerübungen ausführen und haben Schwächen bei Akkord und Lagenwechsel. Man sollte sich beim Üben jedoch nicht mit zu einfachen Übungen aufhalten. Man muss eine Mischung aus „Basics" und anspruchsvollen Übungen finden. Diese Übungen sollten zu einem passen und einen selbst weiterbringen. Schwierige Sachen sind gut, um seine Technik und sein Können zu erweitern, erfordern aber auch viel Geduld, weil es länger dauert sie zu üben. Einfache Sachen sind schneller gelernt und wichtig, um essenzielle Techniken fit zu halten und zu trainieren.

Wann brauche ich eine neue Gitarre?

Kennt ihr das, wenn man sagt: „Ich kaufe mir erstmal nur eine günstige Gitarre, und wenn ich sehe, dass ich dran bleibe, dann kaufe ich mir eine bessere". Günstige Gitarren gibt es wie Sand am Meer. Die meisten Anfänger spielen auf recht günstigen, „billigen" Instrumenten. Sind sie dann automatisch schlecht? Nein. Ich habe schon einiges erlebt in meinem musikalischen Leben, d.h. ich habe zum Beispiel gesehen, dass 50 Euro Gitarren besser zu spielen waren, als 2000 Euro Gitarren. Aber leider ist es wirklich meistens so, dass „billig" Gitarren nicht gut sind. 20 Euro Ebay Gitarren, Dachbodenfunde oder die alte Gitarre von Opa haben meistens ihre besten Zeiten hinter sich. Der Hals ist verzogen und die Saitenlage ist zu hoch, dadurch wird das Greifen erschwert oder sogar unmöglich. Eigentlich muss jeder Anfänger ein perfekt abgestimmtes Instrument besitzen. Auf gut eingestellten Instrumenten lässt es sich viel besser und leichter spielen. Es macht auch zudem mehr Spaß und man kommt viel schneller voran. Eine neue Gitarre braucht ihr, wenn ihr den Eindruck habt, dass eure jetzige Gitarre nicht mehr eurem Spielniveau entspricht, sie (wie oben erwähnt) technische Mängel aufweist oder aber, wenn ihr einfach eine zweite Gitarre braucht. z.B. um eine alternative Stimmung oder ein anderes Genre zu spielen.

Ist es gut „blind" zu spielen (ohne Hinzugucken) und wie lange dauert das?

Ich weiß nicht, woher es kommt, aber viele Anfänger wollen gerne „ohne Hingucken" Gitarre spielen können. Sie rühmen sich damit mir zu berichten, dass sie die ersten Akkordwechsel ohne Hinzugucken gespielt haben. Das „nicht Hingucken" hat sich irgendwie als vermeindliches Qualitätsmerkmal beim Gitarrenspielen durchgesetzt. Das Problem dabei ist, dass wenn ich meinen Blick vom Griffbrett abwende, ich dann nicht mehr meine Finger exakt über die Augen-Hand Koordination steuern kann. Es MUSS dann alles über einstudierte Mechaniken und Motoriken erfolgen und das ist bei Anfängern noch nicht so ausgeprägt. Erfahrene Gitarristen wissen intuitiv wo sie am Griffbrett greifen müssen. Das ist ein Prozess, der automatisch mit der Zeit kommt. Blind zu spielen ist nichts, was man aktiv üben sollte, weil es den Spielprozess nicht unterstützt. Es macht einen nur anfälliger für Fehler. Der Sound und das Gitarrenspiel hören sich durch wegqucken auch nicht besser an. Man sieht vielleicht cooler aus - aber in der Musik geht es um Musik und nicht, wie cool man aussieht.

Das kommt als Zusatzeffekt einfach nur dazu ;) Übt also „richtig" und guckt hin, was ihr macht! So vermeidet ihr Fehler.

Ich mache irgendwie keine Fortschritte, woran liegt das?

Die Frage kommt häufig von Leuten aus dem Internet. Ihr lernt mit Youtube und anderen „neuen" Medien, eventuell auch mit Büchern oder guckt euch hier und da mal was von anderen ab. Das macht ihr seit einigen Wochen oder Monaten und dann kommt irgendwann der Moment, wo ihr euch denkt „Hmm irgendwie kann ich noch gar nichts richtig spielen" oder „Ich mache bei dem Riff/ Lick XY keine Fortschritte". Woran liegt das? Erstens: Ihr übt nicht effizient genug, d.h., dass ihr vielleicht regelmäßig spielt und übt, aber das dann nicht effizient und „gut" genug. Ich erlebe oft, dass die Leute Lieder und Übungen spielen, die für sie nicht optimal sind. Sich als blutiger Anfänger direkt die original Pickingversion von Nothing Else Matters anzuschauen, kann zu Frust und Stagnation führen. Zweitens: Ihr habt keinen Vergleich. Es gibt einen ähnlichen Effekt, den jeder kennt. Schaut mal in den Spiegel. Würdet ihr sagen, dass ihr euch im Vergleich zum Vorjahr großartig verändert habt? Nein? Dann nehmt nun mal ein Foto von vor einem Jahr zur Hand, dort erkennt man direkt viele Unterschiede und Veränderungen. Den meisten Gitarrenanfängern fehlt es an Distanz zu sich selbst und ihrem Spiel. Das kann meist nur ein externer Beobachter, wie ein Lehrer, beurteilen. Es kommt auf jedenfall vor, dass man an der Gitarre stagniert. Meist registriert man seine eigenen Veränderungen/ Verbesserungen jedoch nicht, wenn man sie nicht festhält bzw. dokumentiert. Ich rate euch, dass ihr euch immer wieder mal aufnehmt (filmt), euch die BPM Zahl eines Riffs, welches ihr spielen könnt aufschreibt und eine Repertoirliste erstellt. Nur so könnt ihr nachvollziehen ob ihr euch verbessert habt. Heutzutage ist es leider so, dass immer alles schnell gehen und man Resultate vorweisen muss. Ergebnisse und Fortschritte sind gut und schön, aber es muss nicht immer alles übers Knie gebrochen werden. Viele Schüler sind erstaunt, wenn ich ihnen im Unterricht sage, was sie alles besser können als vor einigen Wochen. Dann schauen sie meist ungläubig, aber freuen sich sehr, weil es ihnen gar nicht aufgefallen ist, dass sie besser geworden sind :-)

Ab wann sollte / kann ich mir eine Band/Mitmusiker suchen?

Es ist unumstritten, dass es viel mehr Spaß macht, mit anderen zu musizieren. Möchtet ihr in einer Band oder mit anderen zusammenspielen? Ja super, aber ab wann kann man sich umgucken und sich „bewerben" :) Die meisten Musikerkombos entstehen durch Freundschaften und Beziehungen. Ein Freund, der schon länger spielt, bekommt mit, dass ihr Gitarre spielt und fragt euch, ob ihr nicht mal vorbeikommen wollt. Aber was ist, wenn man niemanden kennt der Musik macht? Ich empfehle euch ins Internet zu schauen oder eventuell auch in die Zeitung, an schwarze Bretter in Musikläden oder fragt Bekannte, die Musiker kennen. Wichtig ist, dass ihr euch richtig einschätzt. Es macht durchaus Sinn sich als Anfänger mit Fortgeschrittenen einzulassen, denn nur so wird man besser. Aber wenn die Band, die ihr im Auge habt, professionell ausgerichtet ist und jemanden sucht, der an der Gitarre ebenso professionell spielt, ist das Ziel eventuell etwas zu hoch gesteckt. Es gibt aber viele Hobby-Bands oder Musikergruppen, Gitarrenkreise etc., die neue unerfahrene Gitarristen aufnehmen. Oder ihr fragt einfach mal im Freundeskreis nach, wer gerne singt, und ob ihr nicht mal zwischendurch zusammen Musik machen wollt. Es ist egal, ob das alles perfekt klingt, hier geht es um euren Spaß an der Musik. Versucht es einfach, vorausgesetzt ihr möchtet mit anderen Musik machen :)

Noch Fragen?

Habt ihr noch weitere Fragen? Dann schreibt mir doch eine Email:
Kontakt@Christianshowtoplays.de

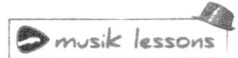 # Kapitel 6 - Grundlagen des Pickings

Viele meiner Schüler antworten auf die Frage, was sie denn an der Gitarre mal können wollen mit „Ich würde gerne einfach schön ein paar Lieder zupfen können". Näher wird das meistens nicht definiert :) Aber ich weiß natürlich, was die Leute damit meinen. Das Zupfen bzw. das Picking ist eine faszinierende Sache und man kann darunter viele Genres, Interpreten und Stilistiken einordnen. Ein Johnny Cash hat in seinen Liedern anders gepickt, als zum Beispiel ein Mason Williams. Sungha Jung oder Igor Presnyakov spielen modernen Fingerstyle, wobei Interpreten wie Reinhard Mey oder Hannes Wader ein „klassisches Picking" betreiben. Aber was ist denn jetzt Picking genau? Ich möchte in diesem Kapitel auf einige grundlegende Picking-Aspekte eingehen, mit denen ihr die meisten Lieder begleiten könnt. Auch hier fangen wir mit den Basics an und steigern uns immer weiter. Viel Spaß dabei :)

Übung 1: „Rauf und runter mit Pause am Ende" mit E Moll

 Erklärung:

Wir fangen nun mit der Grundübung an und greifen dazu das **Em**. Wir zupfen/picken nun ab der **D-Saite runter bis zur hohen e-Saite**. Wenn wir wieder an der D-Saite angekommen sind, wird diese Note länger gehalten, damit der Takt voll ist. Durch die halbe Note am Ende haben wir Zeit, um uns auf den nächsten Durchgang zu konzentrieren.

Umsetzung:

Ihr greift das Em als ganzen Akkord, auch wenn wir hier die A Saite nicht anschlagen müssen. Beim Zupfen an der Gitarre ist es wichtig, dass wir uns schon vorher Gedanken darüber machen, mit welchen Fingern der Anschlags- bzw. Spielhand, welche Saiten angespielt werden sollen. Die meisten Anfänger zupfen die Saiten komplett mit dem Daumen oder mit dem Zeigefinger. Das könnt ihr am Anfang auch erstmal machen, jedoch möchte ich euch direkt auch die „richtige" Technik beibringen. Dazu spielt ihr die D-Saite (Bass Saite) mit dem **Daumen**, die G-Saite mit dem **Zeigefinger**, die h(b)-Saite mit dem **Mittelfinger** und die hohe e-Saite mit dem **Ringfinger** an.

Übung 1: Rauf und runter mit Pause am Ende
Em

mf

Variation Übung 1: „Rauf und runter mit Pause am Ende" mit D Dur

 Erklärung:

Hier spielen wir ähnlich, wie in der vorigen Übung, nur dass wir nun das **D Dur** greifen. Das Picking beginnt hier ab der D Saite. Wie schon beim E Moll zupfen wir alle Noten des Akkords von oben nach unten und lassen die letzte Note - als halbe Note - klingen. Gerade beim Picking muss man den Akkord sauber greifen. Beim D Dur solltet ihr die Hand schön nach vorne strecken und die Finger von oben auf die Saiten setzen.

Übung 1.1: Em und D hintereinander zupfen

 Erklärung:

Hier machen wir nichts anderes, als bei den vorigen Übungen außer, dass wir jetzt **beide Akkorde miteinander verbinden** bzw. kombinieren. Zuerst zupft ihr das **Em**, dann das **D Dur** und danach wieder das Em und so weiter. Wem das eventuell zu schnell ist, der kann auch länger auf dem jeweiligen Akkord bleiben - zwei- oder viermal wäre da zu empfehlen, so dass ihr zum Beispiel Em 4x und dann D Dur 4x spielen/ zupfen würdet. Versucht das Ganze auch mal mit Metronom zu spielen. So bekommt ihr mehr Sicherheit und ein gutes Rhythmusgefühl.

Übungsvorschlag:

Versucht auch andere Akkord-Variationen zu spielen. Wenn euch keine Akkorde einfallen, nehmt euch einfach eine Akkordfolge aus den vorigen Liedern. Hauptsache ist, dass ihr variiert und viele verschiedene Akkordfolgen übt.

Übung 1.2: Durchgehendes Zupfen

 Erklärung:

Hier machen wir nichts anderes als bei den vorigen Übungen außer, dass wir am Ende des Taktes die letzte Note nicht länger halten, sondern nochmal die G Saite anzupfen. Somit haben wir auf diesem Akkord jeweils vier Noten als Viertel-Noten gespielt. Dadurch haben wir dann aber nicht mehr so viel Zeit, um auf dem Akkord zu verharren bzw. den nächsten Picking-Durchlauf vorzubereiten. Probiert es zunächst nur mit Em oder D Dur, und wenn ihr es gut hinbekommt, dann versucht beide Akkorde in Kombination. So wie bei Übung 1.1.

Übung 1.3: Andere Akkorde (A - G - E - C)

 Erklärung:

Nun machen wir das gleiche mit anderen Akkorden. Ich habe euch mal ein beispielhaftes Pickingmuster, jeweils zu den Akkorden A, G, E und C, angegeben. Dieses Muster bzw. diese Akkordkombination könnt ihr natürlich variieren oder auch andere Akkorde zum Üben auswählen. Übt erstmal nur die Akkorde und versucht dann, diese wie in der vorigen Übung mit anderen Akkorden zu kombinieren. Die verschiedenen Kombinationen bzw. die Kontexte, in denen die Akkorde stehen, machen das Picking später schwierig und man muss ungewohnte Abläufe neu lernen.

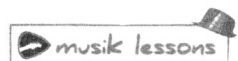

So, nun haben wir einiges an Picking - **Grundlagen** gelernt. Eigentlich wollte ich an dieser Stelle aufhören, aber ich glaube, dass sich viele Leute damit noch nicht zufrieden geben werden :) Daher habe ich mich dazu entschlossen, das Grundlagen Picking noch etwas auszuweiten. Beim erweiterten Picking fangen wir wieder mit einer Grundübung an, lernen dann im Anschluss das Zupfen von Achtelnoten kennen, variieren diese mit einem Wechselbass, schauen uns danach komplexere Stringskipping-Strukturen an und beenden das Kapitel mit zwei Beispielen aus der Praxis. Okay? :)

Seht die folgenden Übungen als Erweiterung der Grundübungen an, welche euch fordern sollen. Wenn ihr alles durchgearbeitet habt, besitzt ihr schonmal eine gute Grundlage, um viele Songs interessant und authentisch mit Fingerpicking zu begleiten. Fangen wir also an :)

Übung 2: Erweitertes Grundlagenpicking

 Erklärung:

Wir greifen das Am, C, D und dann das E. Wir spielen jeweils die „**Bass-Noten**" des Akkords und dann die drei unteren Melodie-Saiten (g, b, e) als Viertelnoten an. Merkt euch die Akkordfolge, diese werden wir in den nachfolgenden Übungen weiter variieren. Beachtet hier auch, dass ihr flüssig und weich mit der Anspielhand zupft. Versucht nicht zu verkrampfen und benutzt Daumen, Zeige-, Mittel- und Ringfinger für die Melodie-Saiten.

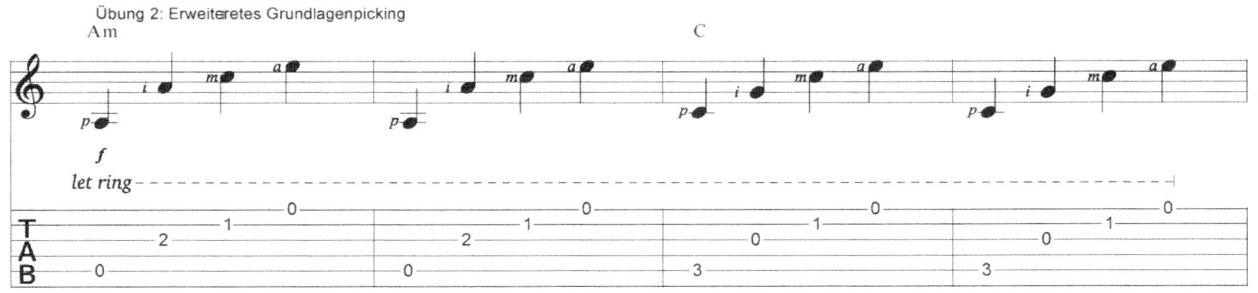

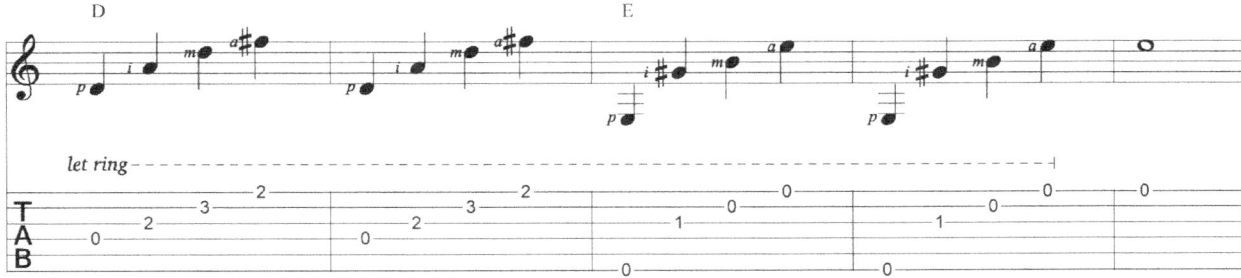

PIMA - Fingerbezeichnung

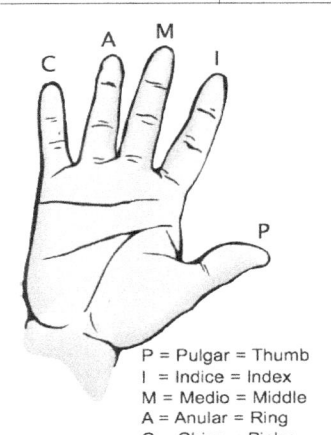

Die Zupffinger der rechten Hand (bei Linkshändern dann „links") werden oft nach deren spanischer Bezeichnung abgekürzt. Im Internet findet man manchmal auch die englische Variante davon. PIMA ist ein üblicher Fingersatz. Er bezeichnet den Einsatz von Daumen (P) Zeigefinger (I) Mittelfinger (M) Ringfinger (A). Der kleine Finger (C) wird oftmals vernachlässigt. Er kommt nur bei komplexen Pickingstrukturen zum Einsatz.

P = Pulgar = Thumb
I = Indice = Index
M = Medio = Middle
A = Anular = Ring
C = Chico = Pinky

Übung 2.1: Achtel-Noten Picking

📖 Erk ärung:

Die Akkordfolge der vorigen Übung bleibt bestehen (Am, C, D, E), jedoch spielen wir die Noten nun **doppelt so schnell**, als Achtel-Noten an. Das verschafft uns die Zeit, den Akkord nicht nur zweimal (wie in der vorigen Übung), sondern viermal zu spielen. Bis auf das Tempo ändert sich nichts. Versucht die Übung erst langsam zu spielen, um dann kontrolliert schneller zu werden.

🏋 Umsetzung:

Die Akkorde und ihr Wechsel machen es uns einfach, ein hohes Pickingtempo zu erreichen. Vom A Moll auf das C Dur müssen wir z.B. nur den Ringfinger umsetzen, und vom D Dur auf das E Dur müssen wir nur den Zeigefinger auf den 1.Bund ziehen. Durch die Achtel wird die Übung schnell, daher ist es am besten mit **Metronom** zu üben. Setzt euch zunächst ein Tempo, welches ihr als „Achtel" definiert (jeder Klick ist dabei eine Note die ihr zupft). Vielleicht erstmal 80-100 Bpm für den Anfang. Je mehr ihr übt, desto schneller werdet ihr. Wenn ihr auf einem guten hohen Tempo angekommen seid (160-200 Bpm), dann wechselt wieder auf die Hälfte der Bpm Zeit (80-100) und spielt das ganze als Achtel (auf dem Klick und dann zwischen dem Klick oder auch „doppelt so schnell"). Das Metronom klickt jetzt im „half time feeling" und ihr spielt im „double time feeling". Ihr werdet dadurch im Rhythmus viel sicherer und merkt direkt, wenn ihr im Tempo schwankt oder Pausen beim Wechseln der Akkorde macht.

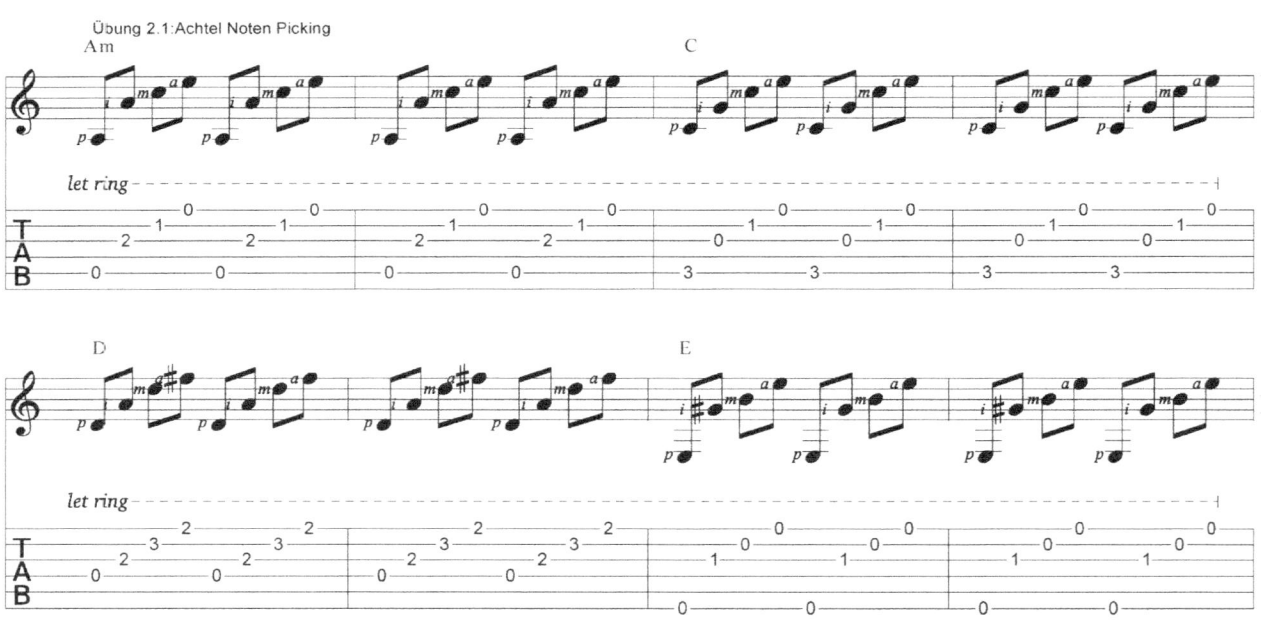

Übung 2.2: Wechselbass

 Erklärung:

Bei dieser Übung bleiben wir in den gezupften Achteln unserer Akkordfolge (Am, C, D, E), jedoch variieren wir nun die jeweilig gezupfte **Bassnote**. Wir spielen die Akkorde mit einem **Wechselbass**. Schaut genau hin, welche Noten im Bass (tiefe Saite) gespielt werden müssen. Die Schwierigkeit liegt jetzt in der koordinativen Umsetzung des Wechselbasses. Ihr müsst euch merken, welche Noten bei dem jeweiligen Akkord gespielt werden.

 Umsetzung:

Die Achtel machen die Übung bereits schnell und fordernd und zusätzlich kommen nun noch die Wechselbassnoten hinzu. Die Struktur des Wechselbasses habe ich bewusst variiert, so dass wir nicht immer zuerst die tiefe und dann die hohe Note der Bassnoten des Akkordes anspielen. Aus diesem Grund muss man sich hier sehr konzentrieren. Macht diese Übung zunächst in einem langsamen, eigenem Tempo und versucht den Wechselbass sauber zu spielen. Des Weiteren empfehle ich euch auch hier das Metronom zu nutzen. Setzt euch zuerst ein Tempo was ihr als „Achtel" definiert (jeder Klick ist dabei eine Note die ihr zupft). Am besten wie bei der vorigen Übung 80-100 Bpm für den Anfang. Wenn ihr auf einem guten, hohen Tempo angekommen seid (160-200 Bpm), dann wechselt ihr wieder auf die Hälfte der Bpm Zeit (80-100) und spielt das ganze als Achtel. Wie schon vorher erwähnt, ist es besser die Achtel mit Metronom zu üben als ohne.

Übung 2.3: Stringskipping

Erklärung:

Nun kommen wir mal zu den wirklich interessanten Dingen beim Picking :) Wenn wir ehrlich sind, klangen die Übungen bisher sehr statisch. Was okay ist, aber ein wirklich schönes Picking hat eine gewisse „lebendige Struktur". In dieser Übung versuchen wir nun genau das zu erreichen. Wir spielen die Saiten nicht stupide hintereinander an, sondern wir **überspringen die Saiten** und arbeiten eine gewisse Zupf-struktur aus. Aus meiner Erfahrung heraus weiß ich, dass viele Leute damit Probleme haben. Startet am besten langsam und versucht euch die Struktur konzentriert einzuprägen. Versucht die gesamte Übung kontrolliert zu spielen. Ziel ist es, die Struktur dieser Übung in die Hand einzuprogrammieren, erst dann kann man beim Picking Geschwindigkeit aufbauen. Das dauert leider etwas - aber ohne Fleiß kein Preis :)

Umsetzung:

Wichtig ist hier, dass man die Struktur und das Zupft-System dahinter, versteht. Zunächst greifen wir ein Am bzw. später die anderen Akkorde. Das war dann auch schon alles - für unsere linke Hand. Den Rest macht die rechte Anspiel- bzw. Zupfhand. Wir spielen gleichmäßig in Achteln die Saiten A, E, h, G, D, e, G an. Ich merke mir das zum Beispiel so: Mittelhohe Basssaite, tiefe Melodiesaite, tiefe Bassseite, mittelhohe Melodiesaite, höchste Basssaite, höchste Melodiesaite wieder mittelhohe Basssaite und wieder tiefe Melodiesaite.

Das Grundprinzip bleibt gleich, jedoch gerade bei den Akkorden des D´s und des E´s, müsst ihr die Struktur eine Saite runter oder rauf schieben. Übt das zunächst ganz langsam. Es wird etwas Zeit in Anspruch nehmen, bis ihr das gut spielen könnt. Dann macht es aber umso mehr Spaß.

Übung 3: Picking aus der Praxis #1

 Erklärung:

Ein Picking, welches an Ed Sheeran angelehnt ist. Er pickt zwar meist sehr individuell und variiert viel, aber die Grundidee ist die gleiche. Hier

werden unterschiedlich lang klingende Noten mit Stringskipping und Zweiklängen kombiniert. Die Greifhand muss dabei nicht viel machen. Der Rhythmus ist komplex, aber sehr schön, gepaart mit der wohlklingenden Grundharmonie der Akkorde.

Übung 3.1: Picking aus der Praxis #2

 Erklärung:

Diese Übung ist Reinhard Mey entlehnt. Die Bassnoten der Akkorde bleiben gleich, aber die Melodienoten variieren hierbei. Dadurch entstehen 7er oder Sus Akkorde. Auch die Kombination mit den Sechzehntel-Noten ist eine Herausforderung. Es wird nochmals schwieriger, wenn man Geschwindigkeit in so eine Struktur bringen will.

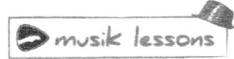 # Kapitel 7 - Einzelnoten Melodien

 Für mich stellte sich die Frage, wo ich dieses Kapitel in diesem Buch genau plat-
ziere. Ich finde **Einzelnoten Melodien** an der Gitarre sehr schön, doch kann
man sie kaum in Lieder oder in der Spielpraxis umsetzen bzw. gebrauchen. Viele
Gitarristen assoziieren solche Melodien mit den ersten Schritten an der Gitarre, aber
gerade etwas umfangreichere Melodien oder bekannte Notenläufe wie z.B. aus
Film und Fernsehen, sind eigentlich sehr beliebt und kommen gut beim Hörer an.

Das Problem ist, dass sie dann doch recht schwierig sind. Daher ist dieses Kapitel auch erst so „spät" im Buch platziert. Schön ist zum Beispiel
auch, wenn man die Melodien zweistimmig spielt, d.h., wenn eine Gitarre die Grundharmonien und Akkorde spielt und eine andere Gitarre
die Melodie dazu spielt. Wir werden in diesem Kapitel mit einfachen Notenläufen anfangen und uns dann steigern. Solche Melodien sind
auch gleichzeitig Finger- und Technikübungen, welche die Motorik, Rhythmik und das musikalische Theoriewissen fordern und trainieren.

Hinweis: In Kapitel 3 hatten wir die Melodie von „Drunken Sailor", wenn ihr mögt, könnt ihr gerne zurück blättern und diese nochmals
wiederholen.

Aufwärmübung

 Erklärung:

 Bevor wir in die Melodien starten, könnt ihr als Aufwärmübung eine kleine Fingerübung durchführen. Sie schult die Greifhand, die Spielhand,
die Links-Rechts-Koordiniation, die Streckung der Finger, das Gehör und und und :) Sie ist einfach dazu da, euch an **Einzelnoten** und die
nötige Koordination zu gewöhnen. Ihr könnt sie natürlich auch zum generellen Aufwärmen der Hand nutzen.

Der erste Teil der Übung wird in der 5ten Lage gespielt. Kurzum, wir spielen ab dem 5.Bund mit dem Zeige-, Mittel-, Ring- und dem kleinen
Finger „runter", also alle Saiten „abwärts". Versucht dabei die Finger stehen zu lassen - auch bis zum kleinen Finger ;) Der zweite Teil der Übung
wird in der ersten Lage gespielt. Das erfordert viel **Streckung** und eine gute Greifhand-Technik. Versucht die Hand nicht schräg zu halten,
sonst kommt ihr mir dem kleinen Finger nicht an den 4.Bund. Bei beiden Versionen spiele ich den Fingersatz, wenn ich unten an der hohen e
Saite angekommen bin, ebenfalls wieder „hoch".

Übungslied 8.1: Die Gedanken sind frei

 Erklärung:

Wir fangen mit einer leichten Melodie an. „Die Gedanken sind frei" kennen wir als Liedbegleitung bzw. Akkordversion aus dem zweiten

Kapitel. Das Lied wird in einem 3/4 Takt gespielt, achtet also auf die Längen der Noten bzw. Takte. Es ist einfach eine schöne und einfache Melodie :) Wer will, schnappt sich einen zweiten Gitarristen und lässt sich mit den Grundakkorden, die über der Melodie stehen, begleiten. Das geht natürlich auch mit anderen Instrumenten.

Übungslied 8.2: Amazing Grace

 Erklärung:

 Amazing Grace ist als Lied, aber auch als Melodie sehr bekannt. Das Lied ist ein Kirchenlied, welches sich damit beschäftigt, dass ein Kapitän eines Sklavenschiffes zu Gott findet, Prister wird und sich gegen die Sklaverei stark macht.

 Die Melodie an sich ist nicht sehr schwer, dennoch habe ich euch hier eine Version herausgesucht, bei der wir in einigen Takten **Sechzehntel- Noten** spielen müssen. Das peppt das Ganze etwas auf :) Die nachfolgende Note ist immer eine Leersaite.

Trotzdem müsst ihr versuchen, korrekt im Rhythmus zu spielen und schnell genug umzusetzen!

Umsetzung:

Die Melodie bzw. die Noten könnt ihr mit dem Zeigefinger und Mittelfinger der Greifhand spielen. Versucht aber mal mit der Spielhand einen „**Wechselschlag**" zu spielen. Das heißt, dass ihr immer den Zeigefinger und dann den Mittelfinger nutzen müsst, um die Saiten anzuschlagen. Das verleiht euch einen kleinen Geschwindigkeitsboost und gerade die Sechzehntel hören sich viel flüssiger an. Man kann aber auch noch einen Schritt weiter gehen und die Leersaite nach der Sechzehntel (2.Bund auf der G Saite) durch einen „**pulloff**" spielen. Das heißt, dass hr die Note auf dem 2.Bund auf der G Saite anspielt und die nächste Note, also die Leersaite, durch ein seitliches Wegziehen bzw. Wegflitschen des Fingers erzeugt. Das ist nicht notwendig und eigentlich eine etwas fortgeschrittene Technik, aber es kann solchen Melodien etwas mehr Leben einhauchen. Viel Spaß beim Ausprobieren :)

Übungslied 8.3: Für Elise

 Erklärung:

Unsere letzte Melodie in diesem Kapitel ist auch die schwierigste. „Für Elise" hat in dieser Version teilweise sehr anspruchsvolle Fingersätze. Ich nutze die Melodie im Unterricht gerne als eine Kombination aus **Melodie- und Fingerübung**. Wir befinden uns hier in einer höheren Lage als in den anderen Übungen. Das Schöne ist, dass ihr das Tempo und die Akzentuierung selbst bestimmen könnt. Versucht instinktiv, einen guten Fingersatz zu finden. Zu empfehlen ist: Auf der h (b) Saite den 4., 5. und 7. Bund mit Zeige-, Mittel- und kleinem Finger zu spielen. Die folgenden Noten im 5., 7. und 8. Bund werden mit Zeige-, Ring- und kleinem Finger gegriffen. Hier braucht man eine gute **Fingerstreckung**. Am Ende wird das E mit dem Daumen als Bassnote gespielt, die dem ganzen etwas mehr Charme verleiht. Übrigens, die Noten in Klammern werden nicht nochmal gespielt, sondern gehalten. Die Melodie müsst ihr etwas üben! Bleibt dran, es lohnt sich :)

Kapitel 8 - Grundlagen der Barre´s

Einer der Hauptgründe, warum viele Leute Schwierigkeiten beim Gitarrenspiel haben, sind die Barree´Akkorde. Vielleicht habt ihr euch daran ja schonmal versucht. Die Barreé Griffe, (bei denen mehrere Saiten mit einem Finger gedrückt werden) erfordern viel Übung und eine richtige Technik. Leider kommen sie in vielen Liedern vor. Wer also ein ganzheitlicher Gitarrist werden will, muss sich früher oder später mit diesen Griffen auseinandersetzen. Doch warum haben denn so viele Leute Probleme mit diesen Akkorden? Als Beispiel dient hier das F Dur (linkes Bild) oder das B bzw. H Dur (rechtes Bild).

F Dur   **B/H Dur**

Schaut man sich beide Griffe das erste Mal an, kann man sich als Anfänger schon fragen, wie man das jemals schaffen soll.

Mit viel Übung und Fleiß bekommt man die Barreés aber sehr gut hin. Bei dem einen dauert es nun mal länger als bei dem anderen. Das flüssige Greifen der Barre´Griffe dauert so lange, als wenn man parallel anfangen würde, einen Spagat zu trainieren. Also in 2 Wochen ist das nicht gemacht :-D

Die Barre´Akkorde sind später sehr wichtig, weil viele Lieder teilweise oder komplett mit ihnen gespielt werden. Wer zukünftig Gitarrensongs im Original spielen möchte, kommt um diese Griffmuster einfach nicht herum. Doch wann und wie fängt man damit an? Ich zeige meinen Schülern ziemlich schnell am Anfang (3-6 Monat) wie man Barre´s greift. Was hat das für einen Vorteil bzw. warum mache ich das? Der Anfänger wird von Anfang an mit diesen Griffen konfrontiert und kann das Greifen dieser Griffe parallel zu seinen normalen Unterrichtsinhalten üben. Seine Hand kann sich dadurch langsam an die Koordination, Motorik und muskuläre Belastung des Barre´s gewöhnen.

Barré Spiel aus der Praxis: Hier: Aufnahme Session für „ChristianAndFriends"

Grundübung 1: Barre´ greifen mit einem Finger

 Erklärung:

Diese erste Grundübung soll deinen Zeigefinger und deine Hand an die „Belastung" des Barre´Griffs gewöhnen. Dazu legen wir den Zeigefinger im ersten Teil der Übung auf den 5. Bund der tiefen E Saite. Nun flachen wir den Finger so ab, dass wir danach die E und die A Saite greifen. Spiel die beiden Saiten an, um zu überprüfen, dass die beiden Saiten bzw. Töne auch klingen. Versuche dabei den Zeigefinger parallel an das Bundstäbchen zu legen. Das wird nachher noch wichtig, wenn wir alle Saiten anspielen. Wenn die Saiten nun schnarren sollten, versuche den Finger etwas zu bewegen, zu drehen oder mehr bzw. weniger Druck aufzubauen. Dadurch, dass wir alle unterschiedliche Finger haben, muss man immer etwas ausprobieren, bis man seine eigene funktionierende Technik gefunden hat. Ich empfehle, den Finger etwas schräg zu halten, um mit der harten Kante des Zeigefingers die Saiten runter zudrücken. Schau dir mein Video dazu an, da erkläre ich genau, was ich meine. Im weiteren Verlauf dieser Übung sollt ihr nun von oben nach unten, immer mehr Saiten dazu nehmen und gleichzeitig runterdrücken, bis ihr schließlich alle sechs Saiten runterdrückt. In der normalen Stimmung der Gitarre kommt das eigentlich nicht vor, aber es ist eine super Übung, um zu trainieren, dass der Zeigefinger gerade und parallel liegt. Achtet darauf, dass ihr die Hand nach vorne drückt und den Daumen hinter dem Griffbrett mittig positioniert.

Schon bei dieser Grundübung zeigt sich der Schwierigkeitsgrad der Barreés. Wenn ihr die Übung im fünften Bund geübt habt, dann könnt ihr das Gleiche jeweils im dritten und dann auch im ersten Bund durchführen. Den Zeigefinger komplett über den ersten Bund zu legen und die Saiten klingen zu lassen, ist die größte Herausforderung.

```
|----------------------------5----|----------------------3----|----------------------------1--|
|-------------------5----5----5----|----------------3----3----3----|--------------------1----1----1--|
|--------------5----5----5----5----|-----------3----3----3----3----|----------------1----1----1----1--|
|---------5----5----5----5----5----|------3----3----3----3----3----|-----------1----1----1----1----1--|
|----5----5----5----5----5----5----|-3----3----3----3----3----3----|------1----1----1----1----1----1--|
|-5--5----5----5----5----5----5----|-3-3----3----3----3----3----3--|-1----1----1----1----1----1----1--|
```

Grundübung 2: Kräftigen der Finger für F Barre´

 Erk ärung:

Die nächste Übung konzentriert sich nun darauf, die Finger zu trainieren, die wir z.B. bei einem F Dur aufsetzen müssen. Oftmals ist es so, dass die Anfänger noch nicht den **Druck** und die **Koordination der Greiffinger** besitzen, damit die Töne sauber klingen und keine anderen Saiten abgedämpft werden. Bei der zweiten Grundübung klopfen wir mit dem Ring-, dem Mittel- und dem kleinen Finger auf die jeweilige Griffbrettposition. Als erstes setzen wir den Zeigefinger komplett über den fünften Bund, dann nehmen wir den Ringfinger und klopfen diesen gleichmäßig auf den 7. Bund der A Saite. Das könnt ihr erstmal so oft machen, wie ihr wollt, Hauptsache ihr bekommt die Bewegung hin :) Versucht einen guten Rhythmus und guten punktuellen Druck aufzubauen. Danach klopfen wir mit dem kleinen Finger auf den 7. Bund auf die D Saite und im Anschluss mit dem Mittelfinger auf den 6. Bund auf die G Saite. Diese Übung zerstückelt den Barreé Akkord eines A Durs in „F Form". Wir greifen hier wie ein F Dur, nur im 5. Bund auf der E Saite. Der letzte Teil der Übung ist dann, dass wir den Ringfinger, den kleinen Finger und den Mittelfinger gemeinsam anheben und auf die Saiten klopfen. Ihr könnt die Übung auch gerne in andere Bünde verschieben. Wer es hier schwierig haben möchte, verschiebt das ganze in den ersten Bund.

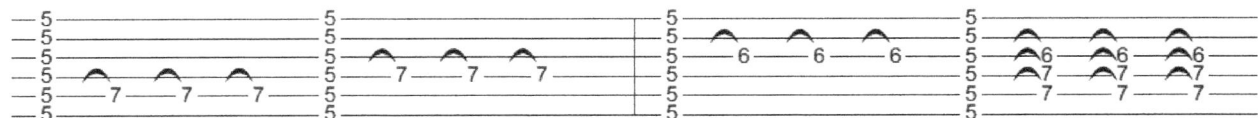

Grundübung 2.1: Kräftigen der Finger für A Barre´

 Erklärung:

Die vorherige Klopfübung können wir nicht nur in „F Form", sondern auch in der A Barre´Form ausführen. Was diese beiden Griffe ausmacht bzw. wie sie aussehen, sehen wir auf der nächsten Seite. Wir legen hierzu den Zeigefinger auf den 3. Bund ab der A Saite und klopfen nun je-

weils den Ringfinger auf die D Saite, den Mittelfinger auf die G Saite und dann den kleinen Finger auf die h bzw. b Saite.

Die Schwierigkeit dabei ist, die drei Finger neben und untereinander zu positionieren. Auch diese Übung könnt ihr in den Bünden nach oben oder unten verschieben. Später kann man solche Kräftigungsübungen gut nebenbei machen.

Schaut euch diese und die vorherige Übung in meinem Video an bzw. versucht sie mit mir gemeinsam zu machen.

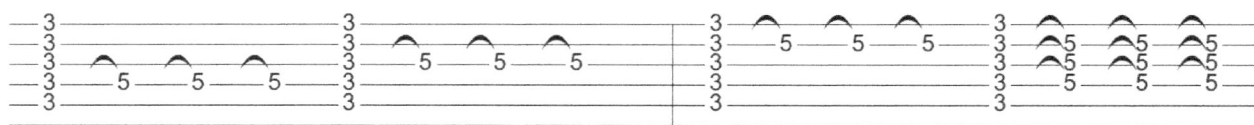

F Dur und B Dur

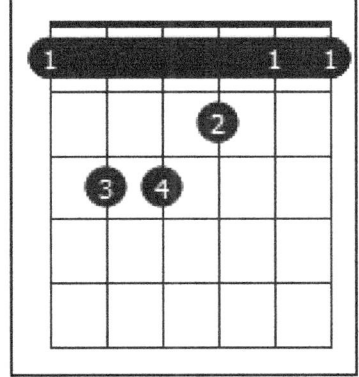

Das „F" (F Dur) ist einer der berühmtesten Barreé Griffe. Viele Lehrer bringen den Schülern das „kleine F" bei, wobei der Zeigefinger nicht komplett über alle Saiten gelegt wird. Ich zeige meinen Schülern immer direkt das große F, da man damit flexibler ist. Wenn ihr die Grundübung 2 gemacht habt, dann habt ihr eigentlich schon ein F gegriffen. Legt dazu den Zeigefinger komplett in den **1. Bund auf der E Saite**, dann legt den Ringfinger in den **3. Bund auf der A Saite**, den kleinen Finger in den **3.Bund auf der D Saite** und den **Mittelfinger in den zweiten Bund auf die G Saite**. Wichtig ist, dass man mit den Fingern in einem steilen Winkel von oben greift, damit man erstens die Töne sauber greift und zweitens die anderen Saiten nicht abdämpft.

Die Hand muss nach vorne gestreckt werden, der Zeigefinger liegt parallel am ersten Bundstäbchen und wir spielen alle Saiten von E bis e an.

Das gute an diesem Griff ist, dass wir ihn am Griffbrett nach oben und unten verschieben und somit viele Dur Akkorde erzeugen können. Dabei richtet sich der Name des Akkords immer nach dem Grundton auf der E Saite. Im 1.Bund der E Saite entsteht dabei das F. Verschieben wir das Griffmuster in den 3. Bund, erhalten wir ein G Dur, im 5. Bund der E Saite liegt der Ton A und wir erhalten somit ein A Dur. Viele Gitarristen spielen Akkorde in dem sie das „F" einfach hoch und runter verschieben.

Hier eine kleine Akkordfolge, die ihr üben könnt: **Am - C - D - F**, **Am - C - D - E** (na erkennt ihr vielleicht das Lied ? :-))

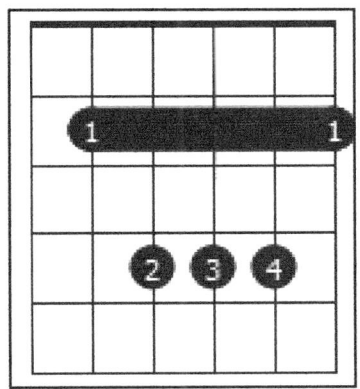

Der zweit häufigste Barreé Griff ist das B bzw. H Dur. Es repräsentiert die Dur Griffe auf der A Saite. Durch den tieferen Halbton auf der b(h) Saite ergibt sich ein anderes Griffbild, als die „F Form" Griffe. Diese Barreé Griffmuster nenne ich „A Form", da sie im Grunde wie ein A Dur aussehen, nur dass sie mit ihrer tiefsten und höchsten Note durch den Zeigefinger auf dem Griffbrett nach unten verschoben sind. Beim A Dur klingt die A und die hohe e Saite leer mit. Verschiebt man nun den Griff des A´s, muss man ja irgendwie die Töne auf der A und e Saite greifen und das macht man dann mit dem Zeigefinger als Barre´. Bekannt ist das B Dur (Grundton auf dem 2.Bund), weil es in vielen Liedern vorkommt, aber auch das A# (1.Bund A Saite) sieht man oft. Wichtig ist, dass wir den Mittel-, Ring- und den kleinen Finger eng aneinander stellen, aber dabei trotzdem den Zeigefinger, gerade am Bundstäbchen, liegen lassen. Die drei Finger müssen steil von oben kommen, ansonsten dämpft man die e Saite ab.

Hier eine kleine Akkordfolge, die ihr üben könnt: **E - A - B - A** oder **Dm - A# - F - C**

Schwer? Genau das kommt auf euch zu, wenn ihr bekannte Songs spielen wollt ;-)

__Persönliche Bemerkung:__

Hier bekommt ihr erstmal nur das Griffmuster der beiden Barreés gezeigt. Schaut euch im Video genau, an wie ich die Griffe greife und versucht die Griffe immer mal wieder zwischendurch zu üben. In diesem Buch werden wir noch keine Lieder mit Barreés spielen, dennoch könnt ihr schonmal die Griffe locker und ohne Druck ausprobieren. Wenn ihr euch meine Tutorial-Videos anschaut, werdet ihr sehen, dass oft ein F Dur, B moll, A# oder B Dur gebraucht werden. Ihr könnt euch nun einen kleinen Vorteil erarbeiten, indem ihr die Griffe lernt und versucht sauber zu greifen. Wenn ihr diese Hürde genommen habt, steht euch die musikalische Welt offen. Cool oder? :-)

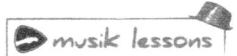

Zusammenfassung und Ausblick

Wir sind nun am Ende des Buches angelangt, schauen noch einmal ein wenig zurück und reflektieren über die Dinge, die wir gelernt und gespielt haben. Des Weiteren möchte ich euch auch noch einige abschließende Tipps und einen Ausblick auf eure nächsten Schritte geben.

Ihr habt hier die **grundlegenden Dinge** an der Gitarre kennengelernt. Akkordspiel, Zupfen und Einzelnoten. Hier und da ein wenig Theorie und es gab einige Insider -Tipps und Infos von mir. Wir haben in diesem Buch auf spielerische und lockere Weise viele Grundlagen an der Gitarre durchgenommen. Vielleicht habt ihr ja ein persönliches Lieblingskapitel oder ihr könnt jetzt schon absehen, welcher Bereich der Akusik Gitarre euch am besten gefällt. Liedbegleitung, Picking oder Melodiespiel?

Ihr seid nach dem Durcharbeiten meines Buches gewappnet, um eure ersten Gehversuche in der „richtigen" Musikwelt zu unternehmen - Aber wie kann das aussehen?

Ihr solltet euch nach passenden Lektionen auf meinem **Gitarrenportal** umsehen. Da lernt ihr die weiteren Schritte an der Gitarre, neue Akkorde und coole Strumming Muster. In diesem Buch habt ihr erstmal die musikalischen Basics an der Gitarre kennengelernt. Um euch auf eure nächsten Schritte an der Gitarre vorzubereiten, müsst ihr euch bewusst machen, welche Musik ihr gut findet und was ihr an der Gitarre spielen und können wollt. Mit der Musik, die man selbst gut findet, lernt es sich an der Gitarre einfach am schnellsten und am besten.

Ein **Lehrer** kann euch genau das richtige Material zur Verfügung zu stellen, welches ihr braucht, um besser zu werden. Optimalerweise nehmt ihr bei mir Unterricht, ob in meiner Musikschule oder per Videounterricht. :-) Meldet euch bei meinem Gitarrenportal an und lernt so didaktisch aufbauend und mit viel Spaß das Gitarrenspiel.

Wie bereits erwähnt, sind oftmals Leute, die sich eigenständig das Gitarrenspiel via Buch oder Internet beibringen, meist nach einiger Zeit nicht mehr dabei. Warum ist das so? Leider wird man von Material „überflutet". Überall gibt es Angebote, unzählige Bücher, Noten und Tab Seiten, Gitarren- Tutorials bzw. Videos und unzählige Foren und Blogs, die einem erzählen wollen, wie man Gitarre lernt. Der Gitarrenneuling wird meist von diesen Angeboten erschlagen und weiß nicht, was er als erstes machen soll. Hinzukommt, dass viele Anfänger aber auch Fortgeschrittene nicht richtig und effizient genug üben. Ihr braucht ein gutes, auf euch zugeschnittenes Konzept, welches ihr mit Disziplin und Geduld durchzieht. Bei der Gitarre ist es wie mit dem Fitnessstudio, d.h. viele fangen an, und nur wenige halten durch ;-)

Merkt euch also:

Ihr braucht ein **KONZEPT**, welches ihr mit DISZIPLIN und GEDULD durchzieht und nicht gleich aufgebt, wenn es mal nicht so klappt, wie man es sich vorstellt. Um einigermaßen Gitarre spielen zu können, braucht man ca. 3 Jahre. Gebt euch die Zeit und versucht regelmäßige Übungssessions konsequent durchzuziehen. Nur so schafft man es wirklich auch am Ball zu bleiben.

Wenn ihr das einmal geschafft habt, dann könnt ihr Gitarre spielen. Dann seid ihr einer der wenigen auf einer Party, die sagen können: „Ich spiele Gitarre" und wo die anderen dann begeistert entgegnen „Ja echt? wow, das wollte ich auch schon immer mal machen" oder „Das ist aber schön, ich liebe Gitarre".

Genießt e nfach die Zeit und das Gitarrenspiel, denn hier ist der Weg das Ziel :-)

Beste und schöne Grüße

Christian

Besser werden mit mir !

Hier gebe ich euch einen kurzen Überblick über die von mir angebotenen Möglichkeiten bzw. Dienstleistungen die ihr nutzen könnt, um besser zu werden :)

Gitarrenportal:

Auf www.musiklessons.de findet ihr viele weitere Kurse und Tutorials. Liveunterricht und Kontakt zu mir und anderen Nutzern. Meldet euch an und nutzt meine didaktisch aufbereiteten Lessons! Tauscht euch mit mir und den anderen Nutzern über eure Erfahrungen aus und lernt kontrolliert und mit Spaß am Instrument das Gitarrenspiel.

Präsens- und Videounterricht:

Gerne könnt ihr in meiner privaten Musikschule in Bergkamen, nähe Dortmund vorbeikommen (www.private-musikschule-stadtler.de)
oder ihr nutzt meinen Webcam und Videounterricht (Infos auf musiklessons.de)
Ich stelle mich immer individuell auf den Schüler ein und lasse seine musikalischen Vorlieben in den Unterricht einfließen.

Youtube Kanal:

Schaut doch mal bei meinem Youtube-Channel und meinen zahlreichen Videotutorials vorbei. Nutzt die Videos und Lessons als Zusatzmaterial zu euren normalen Übungsroutinen, um z.B. Lieder die ihr gut findet zu lernen! Zusätzliche habe ich viele Fragen meiner Community in Vlogs beantwortet, die euch helfen sollen Probleme und Anliegen zu klären.

Workshops und andere Dienstleitsungen:

Ich biete neben dem normalen Unterrichtsgeschehen auch Workshops bzw. Seminare mit speziellen Themen, sowie andere musikalische Dienstleistungen (Transponierung und Heraushören von Liedern und Musik, Band und Musikerbetreuung, Studio und Livemusikaufträge) an.

Wie ihr seht, bin ich musikalisch und lehrtechnisch sehr breit aufgestellt und versuche jede Art von musikalischen Bedürfnissen zu erfüllen. Meldet euch einfach und wir sprechen über euer Anliegen!

Email: Kontakt@Christianshowtoplays.de

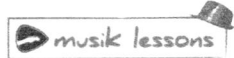

Anhang, Tipps und Sonstiges

In diesem Kapitel findet ihr viele nützliche Hinweise, die das Thema Gitarre lernen abrunden sowie eine Akkordübersicht.

Des Weiteren möchte ich hier noch einmal einige wichtige Themen aus den vorherigen Seiten aufgreifen.

Tipps zur Gitarre und Zubehör

Ich gehe mal davon aus, dass wenn ihr mit diesem Buch arbeitet, ihr auch schon eine Gitarre besitzt. Meine erste Gitarre war damals eine Leihgabe von einem Freund. Es war eine Klassik-Gitarre, an der ich Akustik, E Gitarren und Bass Stücke gespielt habe :-) Wenn ich mich heute daran erinnere, muss ich schmunzeln. Wie schon auf den vorigen Seiten erwähnt, bedarf es gerade für einen Anfänger eines gut eingestellten Instrumentes. Leider nutzen viele Anfänger Instrumente, die sie im Keller oder auf dem Dachboden gefunden haben, alte Gitarren von Verwandten oder Billigkäufe bei Ebay oder vom Trödelmarkt. Davon kann nur abgeraten werden. Ein Anfänger braucht ein gutes Instrument. So wie ein Fahrschüler ein gutes Auto oder ein Zimmermannslehrling gutes Werkzeug benötigt. Erst ein fortgeschrittener Gitarrist kann auch an schlecht eingestellten Instrumenten spielen. Oftmals verhindern schlecht eingestellte Instrumente, dass der Schüler in einem passablen Tempo fortschreitet, ja manchmal sogar überhaupt Fortschritte zeigt.

- Halskrümmung bzw. Saitenlage:

Die meisten „billig" Instrumente weisen keine **optimale Halskrümmung** auf. Sie sind entweder verzogen und verbogen oder lassen sich nicht richtig einstellen. Einen schlecht eingestellten oder gar verzogenen/verkrümmten Hals kann man meist direkt an der **Saitenlage** erkennen. Schon ab dem 5. oder 7. Bund entsteht ein zu großer Abstand der Saiten vom Griffbrett. Meist ist dann im 12. oder 15. Bund die Saitenlage deutlich zu hoch. Der Hals weist dann eine zu extreme convexe Krümmung auf (Hals A im Bild rechts). Auf der anderen Seite gibt es auch das Beispiel, dass der Hals nach „oben" (konkav) gebogen ist (Hals B), dann liegen die Saiten irgendwo im 3. oder 5. Bund sehr nahe oder sogar auf dem Griffbrett auf. Die Folge: Die Gitarre **schnarrt** beim normalen Spiel. Dies sind aber zwei Extreme, die die Gitarre unspielbar machen. Zwischen diesen beiden Zuständen gibt es viele weiche Abstufungen, welche die Gitarre zwar bespielbar machen, jedoch trotzdem nicht optimal sind oder vielleicht zu einer tonalen Unreinheit führen. Es gibt einige Faustregeln in Bezug auf die **Hals- und Saiteneinstellung**. Ohne euch jetzt Zahlenwerte (siehe Bild links) um die Ohren zu feuern, kann man sagen, dass wenn ihr die Saitenlage als angenehm empfindet und die Gitarre sich gut anhört, also nicht schnarrt, dann ist sie auch gut eingestellt. Falls der Saitenabstand als zu groß empfunden wird oder auch nachweislich so ist, dann deutet es darauf hin, dass entweder der Hals verzogen oder vielleicht hinten die Brücke zu hoch ist. Meist ist das dann ein Fall für den Gitarrenbauer oder einen erfahrenen Gitarristen, der sich mit dem Einstellen von Hälsen auskennt. Bei vielen günstigen Gitarren rechnet es sich aber nicht, die Gitarre reparieren zu lassen und ihr solltet euch eine neue Gitarre kaufen.

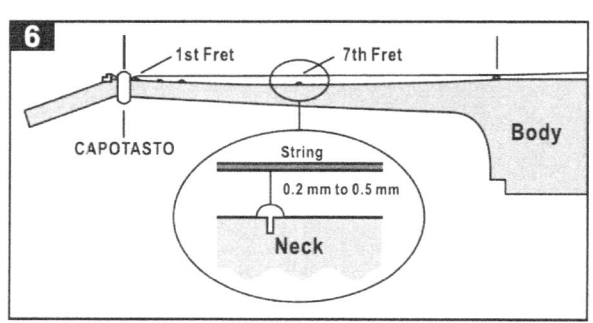 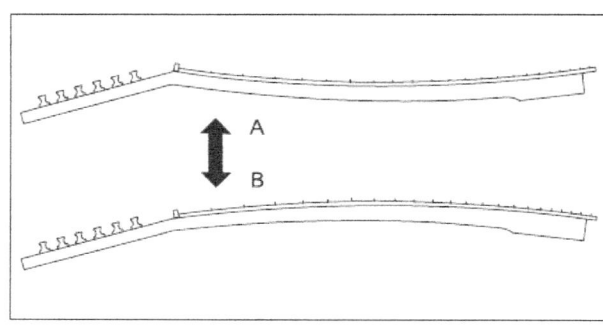

- Gitarrenmarke:

Häufig bekomme ich die Frage gestellt, welche Gitarrenmarke ich empfehlen würde. Mein Tipp: Wenn ihr euch eine Gitarre kauft, dann schaut nicht auf die **Marke**, denn die ist nebensächlich. Achtet vielmehr darauf, wie die Gitarre **klingt** und ob sie sich beim Spielen gut **anfühlt**. Trotzdem suchen einige Leute gezielt Gitarren einer bestimmten Marke. Das kann zum einen Prestigegründe haben oder weil jemand diese Marke empfohlen hat. Die Hersteller haben ein umfangreiches Angebot an verschiedensten Gitarrentypen und Bauweisen, so dass sie versuchen jeden **Geschmack** zu treffen. So

kommt es, dass sich viele Gitarren sehr ähneln und sich nur noch durch das persönliche Spielgefühl unterscheiden. Es gibt einige Hersteller die sich durch spezielle Bauformen, Lackierungen, Inlays oder Kopfplattenformen auszeichnen. Leider wissen die meisten garnicht, warum sie eine Gitarre von einer speziellen Firma haben wollen. Im E Gitarrensegment ist das sehr ausgeprägt, aber nicht die Firma oder das Logo macht den Klang, sondern die Gitarre an sich - das Holz, die Verarbeitung, die Saiten etc. Es gibt natürlich Marken, die sich durch gute **Qualität** auszeichnen und verbauen oder deren Gitarren sich „immer gut bespielen" lassen, aber auch die größte Prestigemarke hat Gitarren, deren Klang man nicht mag. Ich appeliere daher an euch, macht den Gitarrenkauf nicht von der Marke abhängig, auch wenn Gitarrist XY mit einer bestimmten Marke spielt :)

- Preis:

Falls ihr euch eine neue Gitarre kaufen möchtet, so stellt sich die Frage nach dem Preis. Für mich ist der Preis oder das eigene **Budget**, einer der wichtigsten Faktoren für den Kauf. Möchte man eine gebrauchte Gitarre kaufen, führt einen der Weg meistens zu Ebay. Hier muss man die Angebote genau analysieren. Wer hier auf ein „MEGA"-Schnäppchen aus ist, kann auch böse **überrascht** werden. Eine weitere Möglichkeit sind Musiker-Flohmärkte. Dort können meist gute, jedoch gebrauchte Instrumente erstanden werden. Wer gut verhandeln kann, kann auch

dort ein **Schnäppchen** machen. Wenn ihr euch für eine Neupreis-Gitarre entscheidet, solltet ihr die Angebote und Preise verschiedener Shops **vergleichen**.

Schaut auch in den lokalen Gitarrenladen vor Ort, denn diese können euch auch sehr gute Preise machen.

PS: Lasst euch nicht von den Verkäufern einlullen! Oftmals wollen sie Instrumente verkaufen, die mehr kosten, als man sich vorgenommen hat. Entscheidet selbst und zieht den Verkäufer nur zu Rate, wenn ihr Detailfragen habt oder er euch auf Angebote aufmerksam machen soll!

Der annehmbare Preis für eine Gitarre muss je nach Typ und Gebrauchsstadium individuell geprüft und abgewogen werden, daher ist es schwierig, hier einen fixen Betrag für den Kauf einer Gitarre zu nennen.

Viel Erfolg beim Gitarrenkauf :)

- Bauform:

Es gibt auch unter den Akustik Gitarren verschiedene Bauformen. Doch welche ist für einen die beste? Das kann leider nicht direkt beantwortet werden. Wir nehmen uns erstmal die beiden großen Bauformen vor. Die **Klassik-** bzw. **Konzert-Gitarre** und die **Westerngitarre**. Natürlich gibt es noch andere, aber den meisten werden wohl diese beiden Bauformen etwas sagen. Ob man sich für eine Konzertgitarre (Nylonsaiten, warmer klang) oder Westerngitarre (Stahlsaiten, heller Klang) entscheidet, bestimmen einige Faktoren. Fangen wir damit an, dass euch eine Gitarre bzw. Bauart **empfohlen** wurde. Oftmals höre ich, dass den Anfängern Konzertgitarren empfohlen werden, weil diese „einfacher" zu bespielen seien. Ob das stimmt, lassen wir einfach mal im Raum stehen. Auch viele Verkäufer empfehlen den Kauf einer Klassikgitarre. Es gibt Fälle, wo der Gitarrenanfänger eigentlich eine Westerngitarre gut findet, sich aber eine Nylongitarre kauft, weil es ihm empfohlen wurde. Man könne später ja immer noch eine Westerngitarre kaufen. Es wird sehr oft von der Westerngitarre abgeraten, weil es schwer sein soll, daran zu spielen. Ich kann aufgrund meiner Erfahrung nicht sagen, dass Anfänger an der Westerngitarre nicht so schnell vorankommen, wie Leute an der Klassikgitarre. Es wird natürlich immer Leute geben, die sich mit der Westerngitarre nicht wohl fühlen, aber es gibt auch Leute, die die Klassikgitarre nicht toll finden. Man sollte die Gitarre nach ihrem **Klang und Feeling** aussuchen. Da unterscheiden sich beide coch sehr.

Wie bereits beschrieben, hat die **Nylongitarre** einen weichen und warmen Klang. Sie ist gut, um klassische Stücke oder Zupf- und Pickingsongs zu spielen. Sie wird auch oft „missbraucht" als Lagerfeuergitarre, weil sie unkompliziert, leicht und fehlerverzeihend ist.

Die **Westerngitarre** hat Stahlsaiten und klingt auch dementsprechend hell und metallisch. Man spielt entweder Strumming, Picking oder Melodien und sogar Solos auf ihr.

Seit einiger Jahren sind bei Westerngitarren fast schon standardmäßig, elektronische **Tonabnehmer Systeme** verbaut, um die Gitarre an einen Verstärker anzuschließen. Das sieht man auch immer häufiger bei Klassik-Gitarren. Wer sich selbst verstärken oder per Kabel aufnehmen will, sollte sich nach solchen Gitarren umsehen. Auch ein **Cutaway**, also eine Aushöhlung bzw. Wegschnitt des Gitarrenkorpus unten am Hals, sieht man immer öfter, denn man kann damit die Bünde jenseits des 12. Bundes besser bespielen.

Die Gitarren unterscheiden sich auch in ihrer **Größe**, der **Korpusform** (bauchig oder flach) oder in ihrer **Halslänge** und Breite. Profis machen zusätzlich noch Unterschiede bei den eingesetzten **Hölzern**, den mechanischen Teilen und beim Material des Sattels.

Weil es so viele Faktoren sind die beim Gitarrenspiel hinzukommen, rate ich jedem, sich einfach eine Gitarre im Geschäft zu nehmen, sie auszuprobieren und zu schauen, ob einem die Bauform und die anderen Punkte wie Holz, Elektronik, Mechaniken oder Verarbeitung zusagen. Je mehr Gitarren ihr in den Jahren in der Hand habt, desto mehr kristallisiert sich ein **eigener Geschmack** heraus.

Viel Spaß beim Herausfinden :)

- Saiten und Zubehör:

Den **Saiten** wird als tonbestimmender Faktor meist wenig Beachtung geschenkt. Man nimmt meist irgendwelche Saiten oder lässt sie so lange auf der Gitarre, bis sie aus Materialschwäche reißen oder einen unansehnlichen Zustand erreicht haben :-D Es gibt viele verschiedene Arten von Saiten für die Klassik- und die Westerngitarre. Sie unterscheiden sich in **Material, Dicke (Stärke), Spannung, Aufwicklungstechnik** oder einer eventuellen **Beschichtung**. Vielleicht habt ihr auch schon Gitarristen darüber reden hören wie sie sagten: „Ich benutze 10er von Daddario". Aber was bedeutet das? Saiten sind primär in ihren Stärken (Zoll) angegeben. Man nimmt dabei den Wert der unteren bzw. hohen E Saite. Das wäre hier 0.010 (Zoll) oder auch einfach 10. Es gibt auch 11, 12, 13 etc., wobei die Saiten dabei immer dicker werden. Leider ist die Stärke der nachfolgenden Saiten, also z.B. der G oder dicken E Saite nicht genormt oder nicht immer gleich. Von daher ist die Aussage, dass man 10er Saiten spiele, noch nicht ganz ausreichend. Meist variiert nämlich die Dicke bzw. tiefe E Saite sehr stark. Bei Klassik Gitarren Saiten wird die Stärke sehr selten angegeben. Da ist der Vergleichsfaktor meist die Spannung und Zugfestigkeit (z.B. „normal Tension"). Mit diesen Infos habt ihr aber erst an der Oberfläche gekratzt. Material und Fertigungstechnik sind genauso wichtig. All diese Faktoren und Infos sind aber nur auf dem Papier wichtig. Erst wenn ihr die Saiten aufspannt und hört, wie sie klingen könnt ihr sagen, ob sie für euch gut klingen oder nicht. Nicht die Gitarre alleine macht den Sound, sondern vielmehr das

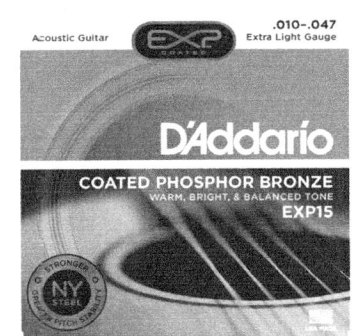

Zusammenspiel zwischen Saiten und Gitarre bzw. Klangholz. Diese Tatsache vernachlässigen leider viele. Saiten, die bei mir an der Gitarre super klingen, können an eurer Gitarre anders klingen und euch nicht gefallen. Ich gebe euch einen Rat - Probiert so viele Saiten wie möglich aus! Wechselt sie alle 2-3 Monate, hebt euch die Verkaufspackungen auf und macht euch dazu Notizen. Es gibt nichts Schlimmeres, als einen aufgezogenen Saitensatz für seinen Sound zu lieben, ohne zu wissen von welcher Marke oder Modell dieser ist.

Saitenwechsel: Irgendwann müssen die Saiten gewechselt werden. Wann das ist, hängt von vielen Faktoren ab. Tägliches Spielen, Handschweiß und Materialermüdung lässt die Saiten „altern". Entscheidet einfach selbst, wann ihr die Saiten wechselt. Ich empfehle einen Zeitraum zwischen 3 und 6 Monaten. Nur wie wechselt man die Saiten? Ich möchte das hier im Buch gar nicht lange ausführen und mit unverständlichen Bildern schildern, denn dazu habe ich euch ein Video erstellt, welches den Vorgang gut erklärt und darstellt. Zusammengefasst kann man aber sagen, dass ihr 1. die alten Saiten löst 2. die neuen Saiten aufzieht (bei Klassik Gitarren das Knoten der Saitenenden nicht vergesst) und 3. die Gitarre stimmen müsst. Klingt ja eigentlich ganz einfach - viel mehr ist es auch nicht. Man muss es halt einfach mal gemacht haben. Bitte geht nicht extra zum Saitenwechseln zum Gitarrenbauer! Das ist Zeit und Geld, welches ihr euch sparen könnt.

Saitenkurbeln sind ein schönes Werkzeug, um euch das Saitenwechseln und aufziehen zu erleichtern. Durch die normalen Stimmmechaniken an der Gitarre und deren Übersetzung, dreht man sich schonmal einen Wolf :-D Saitenkurbeln haben meist auch eine Einkerbung, die man dazu nutzen kann, um die Saiten hinten aus der Brücke zu lösen.

Saitenreiniger: Braucht man den wirklich? Viele sagen, dass dadurch der Klang der Saiten erhalten bleibt und die Saiten dadurch länger frisch klingen. Ich reinige die Saiten meiner Gitarren in unregelmäßigen Abständen. Es gibt Leute, die putzen ihre Saiten nach jedem Spielen mit einem Tuch oder mit entsprechenden Reinigungsmitteln. Nach einer intensiven Spielsession, wo viel Schweiß geflossen ist, würde ich euch auch anraten, die Saiten kurz zu reinigen und zwischendurch mit einem Reinigungsmittel zu säubern. Ich nehme auch gerne eine kleine harte Zahnbürste und säubere so die Zwischenräume der Umwicklungen. Spätestens wenn an den Saiten deutliche Rückstände zu erkennen sind, solltet ihr die Saiten sauber machen.

Plektron: Die kleinen Plastik „Dinger" üben bei vielen Leuten eine gewisse Faszination aus. Wir nutzen sie für die E Gitarre, aber auch für die

Western Gitarre. Sie sind eine **Spielhilfe**, die unseren Daumen oder Finger verlängert, doch welche Stärke sollen wir nehmen? Probiert es einfach aus! Es gibt Gitarrenspieler, die favorisieren ein dünnes Plektron und wieder andere mögen dicke lieber. **Testet** einfach aus, was euch am besten gefällt. Ich empfehle immer ein etwas dickeres Plektron, weil man dadurch die Saite mehr unter Kontrolle hat und man ein besseres „**Feedback**" am Plektron spürt. Ein weiches „Plek" biegt bzw. bewegt sich mehr und gibt das Saitengefühl leicht versetzt an die Finger weiter, dafür klingt es etwas perkusiver und lässt sich besser über die Saiten führen.

Gurt: Ein Gitarrengurt ist eine nützliche, aber auch stylische Sache. Er hält eure Gitarre, wenn ihr im Stehen spielt. Bei Gurten gibt es viel Auswahl an verschiedenen **Ausführungen** und **Designs**. Wenn ihr über einen Gurt verfügt bzw. dementsprechende Gurtpins, dann rate ich euch diesen aufzuschnallen und zu nutzen. Die Gitarre ist dadurch stabilisiert und ihr könnt besser greifen. Kauft euch am Anfang keinen allzu teuren Gurt - das könnt ihr später immer noch machen!

Noch ein Tipp zum Gitarrengurt: Wenn ihr euch die Gitarre umschnallt, nehmt diese nicht nur am Gitarregurt hoch, sondern sichert immer mit einer Hand am Griffbrett oder an der Gitarre den Halt des Instruments. Wenn der Gurt sich z.B. am hinteren Gurtpin verdreht hat und ihr die Gitarre nur am Gurt aufnehmt, kann es sein, dass sich der Gurt löst und die Gitarre ungeschützt zu Boden stürzt.

Das tut weh im Gitarrenherz :) Wer das vermeiden will kann sich sogenannte Security-Locks kaufen. Dadurch ist der Gurt an den Gurtpins fixiert und kann sich nicht mehr lösen.

Kapodaster: „Capos" sind Klemmen, die man auf die Saiten spannt. Sie sind Hilfsmittel, um Lieder in andere Tonarten zu transponieren. Das wird gemacht, um sich an einen Sänger oder an ein anderes Instrument anzupassen oder aber, um das Greifen von Akkorden zu erleichtern. Gitarristen wie Ed Sheeran oder Milow nutzen dieses häufig.

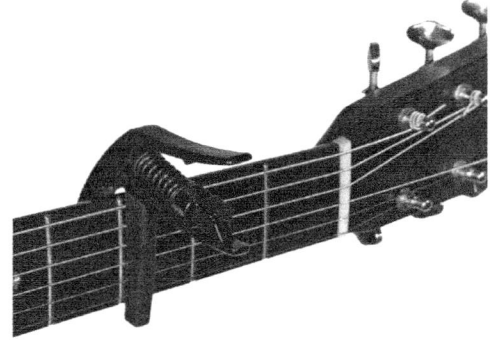

Schäden an der Gitarre: Es kommt auch schon mal vor, dass eine Gitarre beschädigt wird. Es gibt kleine aber auch große Schäden an der Gitarre, die man im Einzelfall bewerten muss. Kratzer, Beulen oder Macken gehören leider zu den Kleinigkeiten, die man im Laufe seiner Gitarrenkarriere akzeptieren muss. Es tut weh, aber die Zeit heilt alle Wunden :) Bitterer sind aber größere Schäden, wie Risse und Brüche im und am Ho z, ein gebrochener Hals bzw. eine Kopfplatte oder Schäden an den Mechaniken. Hier muss generell ein Gitarrenbauer entscheiden, ob die Gitarre noch zu retten ist. Meist wird dabei wie bei einem Schaden am Auto entschieden. Macht es Sinn Geld und Ressourcen in die Reparatur der Gitarre zu stecken oder kauft man sich eine neue? Emotionale Werte einer Gitarre natürlich außen vorgelassen. Falls ihr einen „großen" Schaden an eurer Gitarre habt, dann holt euch zunächst einen Kostenvoranschlag. Behandelt die Reparatur einer Gitarre, wie den Auftrag an einen Handwerker. Vielleicht findet ihr ja auch einen ambitionierten Hobby-Gitarrentechniker, der euch helfen kann. Toi Toi Toi, dass eurer Gitarre nichts passiert *klopft auf Holz, aber nicht zu fest* ;-)

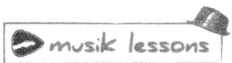

(Richtiges) Üben und Fortschritt an der Gitarre:

„Erst durch üben wird man gut". Das würde wohl jeder unterschreiben. Es gibt viele Legenden über Gitarristen, die sagen, dass sie nie viel geübt oder auch nie Unterricht genommen haben. Mehr als coole Geschichten sind das aber nicht :-) Fast jeder berühmte Gitarrist erzählt in Interviews, wie er sich damals zurückgezogen und stundenlang am Tag geübt und Gitarre gespielt hat. Das zeigt, dass eine gewisse musikalische Fähigkeit nicht von ungefähr kommt, sondern von harter Arbeit. „Harte Arbeit schlägt Talent", so sagt man auch. Doch leider haben die meisten nicht die Zeit, sich stundenlang mit dem Instrument zu beschäftigen. Und jetzt komme ich ins Spiel :-) Durch meinen musikalischen und beruflichen Werdegang habe ich über die Jahre ein **Konzept** entwickelt, wie der „normalo"- Gitarrist das Übungspensum von mehreren Stunden auch in 60 min abarbeiten kann. Oder anders formuliert, mit meinem Konzept holt ihr aus 60 Minuten Übungszeit einfach das Optimum raus. Kennt ihr das nicht auch? Ihr setzt euch an die Gitarre, dudelt ein bisschen rum, guckt im Internet nach Tabs und Akkorden und nach einer Stunde legt man die Gitarre zur Seite. Man denkt sich „wow, jetzt habe ich eine Stunde was an der Gitarre gemacht. Ich bin schon ziemlich fleißig". Wenn man sich aber den Gehalt der „Übungen" anschaut, stellt man fest, dass man gar nicht so viel Produktives gemacht hat - zumindest aus der Sicht eines Gitarrenlehrers ;)

Erste Regel des **richtigen Übens** ist, dass ihr lieber mehrmals die Woche übt als einmal sehr lange. Zweite Regel lautet, dass man Qualität statt Quantität trainiert. Das heißt, dass man sich maximal drei Songs/Projekte vornehmen sollte, an denen man regelmäßig übt. Bei Erfolg oder didaktischer Umstellung kann man diese Übungsprojekte dann mit anderen austauschen.

Wichtig ist, dass man neue sowie alte Stücke übt. Wenn ihr schon einen Song oder Übung spielen könnt, dann müsst ihr ihn auch mal wiederholen, um nicht einzurosten. Aussagen wie, „Puhh, das habe ich ewig nicht mehr geübt", sollten nicht vorkommen. Macht euch eine Repertoirliste, in der ihr festhaltet, welchen Song oder Übung ihr wann das letzte Mal gespielt habt. Neben den aktiven Übungen ist das der essentielle Weg, um besser zu werden, denn wir werden nicht besser an der Gitarre, indem wir uns immer wieder neue Sachen anschauen, sondern, in dem wir Bestehendes perfektionieren. Man sagt auch: „Übe etwas nicht, bis du es kannst, sondern bis du keine Fehler mehr machst". Das bedeutet, dass man sich nicht damit zufrieden geben sollte, bis man eine Übung vielleicht einigermaßen spielen kann, sondern bis man sie, auch wenn man sie mehrmals wiederholt, immer fehlerfrei spielen kann. Das bedeutet **viel Arbeit und viel Geduld**.

Strukturiert eure Übungssesion:

1. Aufwärmen/Grundübungen (10min) **2.** Bestehendes üben und verbessern (die drei Projekte) **3.** Neues Material lernen (20-30 min) **4.** Repertoir spielen (15-30min) **5.** Kreativität/Eigene Songs schreiben/rumklimpern (15-30min).

Dieser Struktur könnt ihr selbst so viel Zeit zuteilen, wie ihr wollt. Ich übe z.B. immer mit Stoppuhr, damit ich weiß, wie lange ich an einer Sache dran bin und bei bestimmten Übungen nicht zu viel Zeit verschwende. Mit diesem System, welches ich aus der Bildungsforschung adaptiert habe, übt ihr genauso effektiv, wie jemand der einfach 4 Stunden vor sich hinklimpert. Garantiert! - nur müsst ihr das auch so durchziehen! Stellt euch vor ihr wärt ein Sportler, der geht auch nicht auf den Sportplatz und trainiert das, was er am coolsten findet, sondern er hat ein Konzept und wichtig, einen Trainer. Daher sucht euch einen Lehrer in eurer Nähe oder nehmt bei mir Präsenz- oder Video/Webcamunterricht. Es wird sich lohnen :)

Viel Spaß beim Üben!

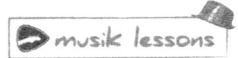

Akkordliste:

Hier findet ihr die im Buch genutzten Akkorde und weitere, die ihr euch auch gerne schon anschauen könnt.

E Dur

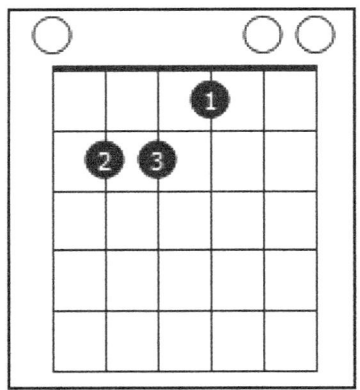

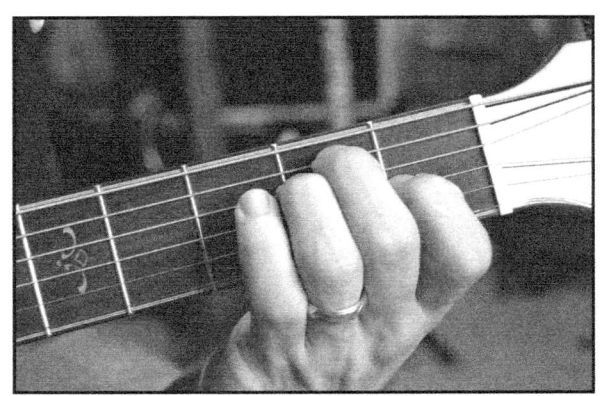

A Dur

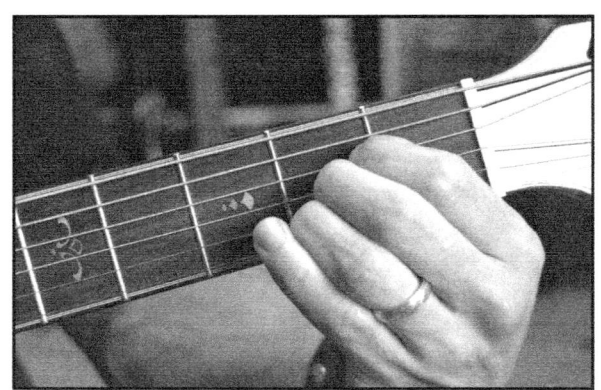

D Dur

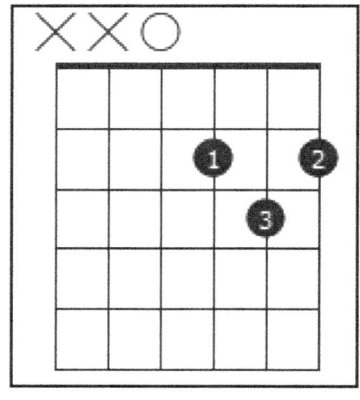

G Dur

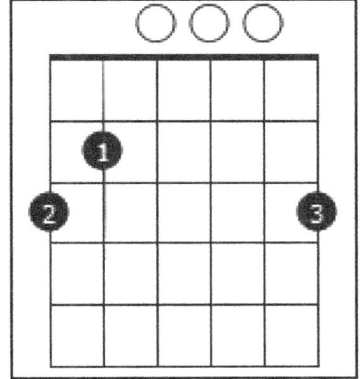

C Dur

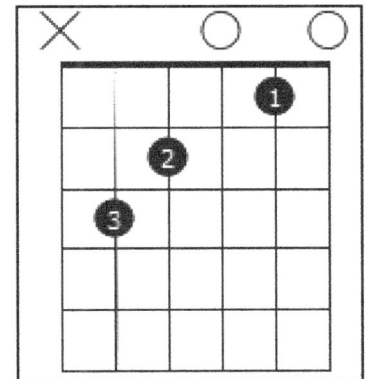

Am

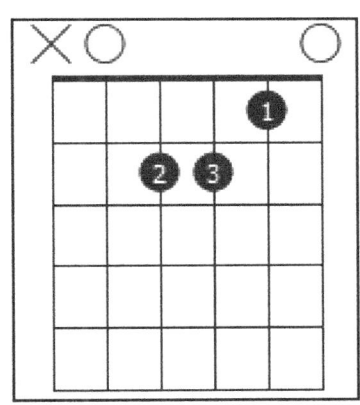

Em

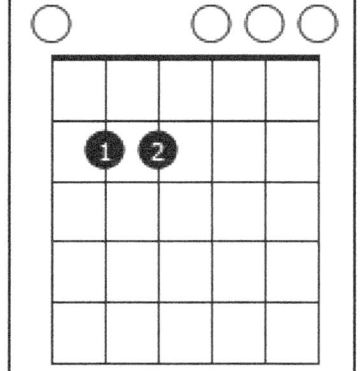

Dm

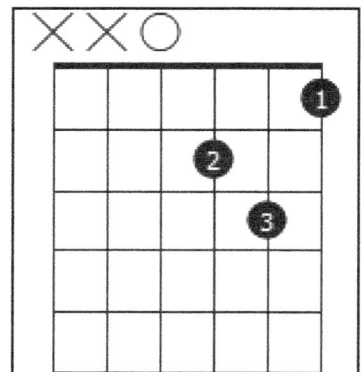

Bm

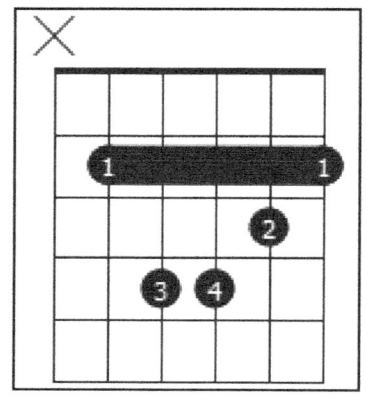

F Dur

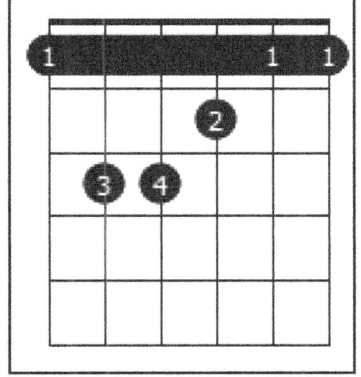

B Dur

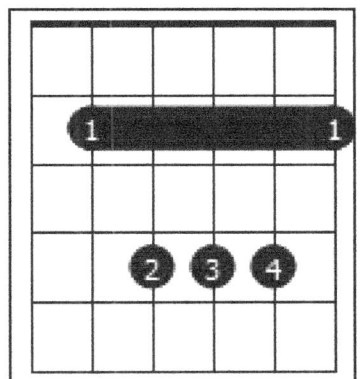

Übungsliederübersicht

Anmerkung und Danksagung

An dieser Stelle möchte ich noch abschließende Bemerkungen und Danksagungen los werden. Eigentlich habe ich das Buch komplett alleine geschrieben - wem soll ich da also danken? :-)

Das Schreiben eines Buches ist nur die halbe Miete. Der Support drumherum ist genauso wichtig.

Zuallererst möchte ich meiner Frau danken. Nicole musste in den letzten Jahren immer wieder zurückstecken, weil ich diese „komischen Youtube Videos" gemacht habe :) Aber nicht nur das, auch die Pflege des Kanals, das Beantworten der vielen Zuschriften und natürlich das Schreiben des Buches sind und waren sehr zeitintensiv, sodass ich viel unserer gemeinsamen freien Zeit dafür geopfert habe.

Danke dafür mein Frauchen :)

Als nächstes möchte ich mich bei Jörg bedanken, der mich bei Webseiten-, Design- und Internetthemen und Fragen unterstützt hat. Ohne dein Engagement, über das geforderte hinaus, wäre das alles so nicht möglich gewesen.

Design, Logo und Buchcover habe ich Inter Medien (www.inter-medien.com) und im speziellen Paulina zu verdanken. Paulina hat trotz vollem Terminkalender, immer die Zeit für mich und meine Designwünsche gefunden und tolle Arbeit abgeliefert.

Musiklessons.de ist durch die Arbeit von Frank und Nadine von Werk70.de entstanden. Vielen Dank an euch.

Ein herzliches Dankeschön geht an Katrin, Peter und Sabine die ihre wertvolle Zeit geopfert haben um dieses Buch gegen zu lesen und zu korrigieren. Danke, denn ohne euch hätte ich doch einige Sachen überlesen :)

Bei Meinl bzw. Ibanez möchte ich mich auch bedanken, da Sie mich bei der Bereitstellung von Equipment und Medien unterstützen.

Dann möchte ich mich natürlich bei all meinen Abonennten, Fans und Unterstützern bedanken.

Ohne euch würde es das ganze Projekt nicht geben.

Wenn ich jetzt jemanden vergessen haben, dann tut es mir leid, auch euch sei gedankt :)

Ich hoffe, ihr bleibt erfolgreich auf eurem Weg, ein Instrument zu lernen und zu spielen. Nutzt mein Lernportal, meinen Youtube Kanal, meinen Unterricht und meine generellen Tips, um noch besser zu werden! Aber vor allem, steckt auch andere Leute an, so dass sie ein Instrument lernen möchten. Am besten bei bzw. mit mir ;-)

Alles Gute, und lieben Dank. Wir sehen uns.

Euer Christian